社員がやる気をなくす瞬間

間違いだらけの職場づくり

職場風土改善の専門家
中村英泰（著）

法政大学 教授
田中研之輔（監修）

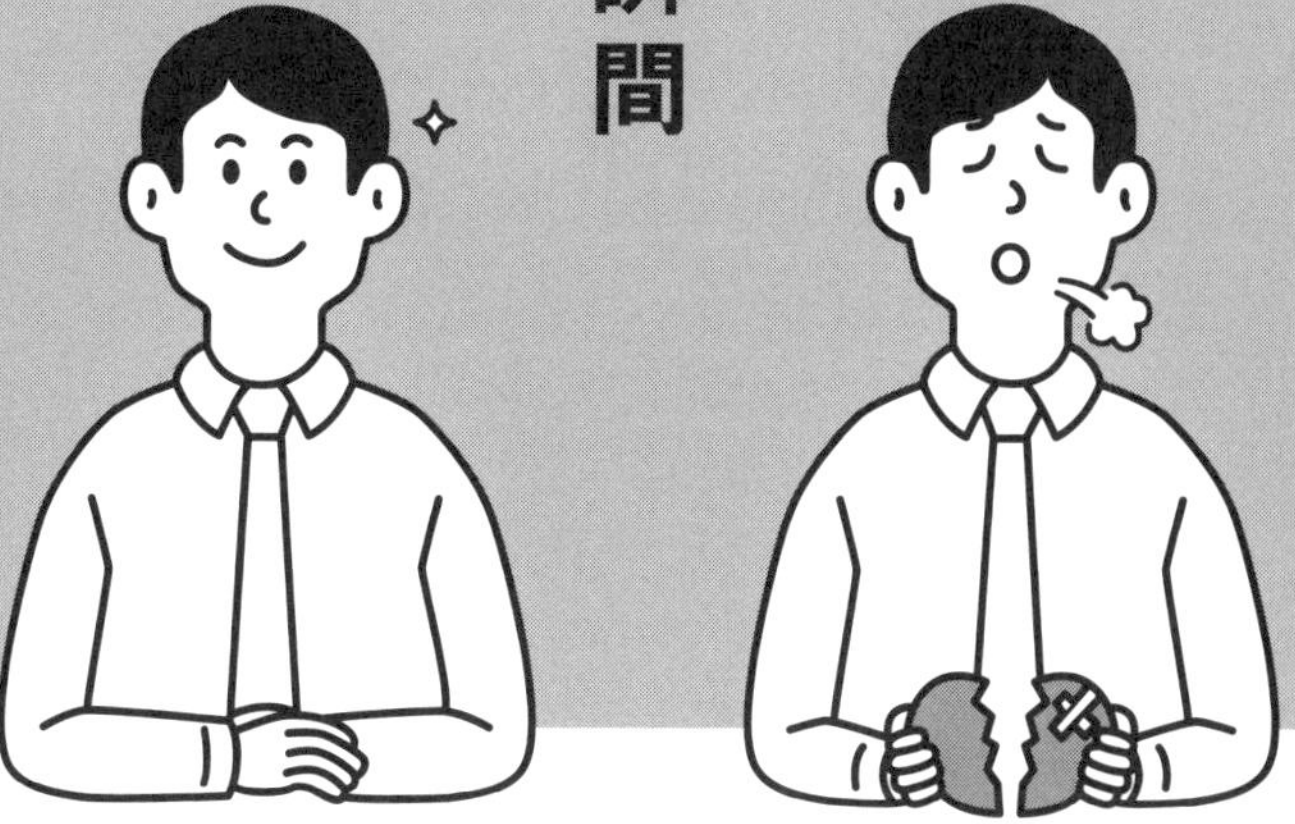

入社したときはやる気がみなぎっていた人が、
やる気をなくしていく。
そのきっかけは、
リーダーや周りの些細《ささい》な言動によって
もたらされることがほとんどです。
そして、自らがそのきっかけになっている
ということに、多くの人たちは気づいていません。

長年、多くの企業で、
やる気のあった社員が意気消沈し、
存在まで消していく様《さま》を何度も見てきました。
リーダーは言います。

「1on1で部下の話を傾聴しています」
「チームの心理的安全性に気をつかっています」
「ハラスメントにならないように対応しています」

新しいマネジメント理論を
次から次に取り入れ実践するなどして、
いい職場にしようとがんばっている方も
少なくないかもしれません。
ですが、今あなたの目の前の職場は、
思い描いた姿になっていますか？
気づかないうちに、部下がやる気をなくしている……。
そんなことになっていませんか？
ここで、1つの質問をしたいと思います。
これは、あなたがリーダーとして
部下の「やる気を削《そ》いでいないか」をはかる質問です。

質問

あなたは部下の、
キャリア形成に、どのようにかかわってきたか、
自信を持って答えられますか？
（建前ではなく、本音で答えてください）

どうでしょうか？
この質問に自信を持って回答できなかった場合、
あなたと部下の関係性は、
良好とはいえません。
この本のテーマはここにあります。
部下やチームメンバーがやる気をなくさず、
高いパフォーマンスを出すために、
リーダーはなにをしたらいいか？

組織としてなにができるのか？
職場はどのようになったらよいのか？

本書には、これまで見てきた700を超える職場で、
1万人を超える人へのキャリア・コーチングを通して
確認することができた、
1つの答えを書いています。

はじめに

皆さんこんにちは。職場風土改善の専門家の中村英泰です。

私は、「職場を個人がキャリア課題を解消して成長するための場にする」を信念に、700を超える企業の職場風土の改善にかかわり、経営者、管理職さらには一般社員、多くの方々から職場についての話をうかがってきました。

そのなかで、**「今、職場で悩んでいることはなんですか？」**という質問を必ずするのですが、**一番多く出る悩みがやる気、モチベーションに関すること**でした。

上司は「部下のやる気がない」「突然、辞めたいと言われて困っている」と頭を抱え、一方部下からは「上司がなにを考えているのかわからない」「この会社には未来がないから辞めたい」という悩みが出てきます。

しかし、**悩みは深刻であるにもかかわらず、どうしていいのかわからないからなのか、解決策を考えずにそのまま放置していること**が少なくありません。

「部下のやる気がない」と悩む上司に、「部下はどんなことならやる気を持てるか、わかりますか?」と尋ねても、「突然、辞めたいと言われて困っている」という上司に、「なにがきっかけで、どう心境が変化したかわかりますか?」と尋ねても、**あいまいな答えしか返ってこない**ことがほとんどです。

逆に「上司がなにを考えているのかわからない」という部下に「なにを考えているか聞きましたか?」といっても、ほとんどの人が首を横に振りますし、「この会社には未来がないとおっしゃいますが、あなたの考える会社の未来とはなんですか?」と尋ねても口ごもる人が多いのが現実です。

上司は部下のことを、そして部下は上司や会社のことを実はよく知らないばかりか、本気で知ろうとはしていないのです。

この状態は、上司と部下の関係性が成り立っていない。職場として健全な状態ではないというのは、おわかりいただけるのではないでしょうか。

では、なぜこのようなことが起きるのでしょう。

それは、**多くのビジネスパーソンが、会社や職場を、仕事をするだけの場所と考え、人生・キャリアを充実させる場所だとは考えていない、もしくは、働いていく間にそのように思えなくなってしまった**からです。

自分の人生には深く関係しない人たちだから、上司がなにを思っているのか、部下がなにを考えているのか、興味がわかない。

そんなことにいちいち関心を持たなくても、仕事の成果は出ているし、それだけで十分。

そう考える人が少なくありません。

いつしか、デスクを挟んで目の前にいる同僚との心理的な距離はとても遠くなっていき、前述したような「部下が知らずにやる気をなくしている」「いつの間にか辞めていく」という状態になってしまうのです。

そんな状態を解消するカギは、職場の関係性の改善にあります。

関係性がないと部下の「やる気をなくす瞬間」には気づけない

そもそも、自分のキャリアに悩んでやる気が出ないときに、「やる気が出ないんです」という相談を、うまく関係性が築けていない上司にするでしょうか？

そんな相談をしたら、「変な心配や過剰な励《はげ》ましを受けるのでは」と思ったり、「この人に話してもわからないだろう」と考えたりするのではないでしょうか。

そして大抵、「大丈夫？」と尋ねると、平静を装《よそお》って「大丈夫です」と答えます。

本当のことなど話せるわけがないのです。

このように、**関係性が希薄な状態で、上司が部下の「やる気をなくす瞬間」に気づくのは、魔法使いか熟練した読心術使いにでもならない限り至難のわざ**です。

逆に、日頃から円滑《えんかつ》なコミュニケーションがとれていて、お互いの関係性が深まっていれば、上司が部下の異変に気づく前に、部下が「やる気が出ない」と相談してきたり、自身の考えを打ち明けてきたりすることも、あるのではないでしょうか。

実際、さまざまな企業とかかわってきたなかで、多くの社員の「やる気」の低下は、社員間の関係性の希薄さと、それを解消するための具体的な方法論がないことによって引き起こされていました。

関係性を改善して職場風土を変える。それが本書の目的です。

本来、職場は「1つの目標に向かうなかで社員が互いの能力を最大限発揮し、それを互いのキャリア成長に効果的につなぐこと」ができる場所でなくてはなりません。社員が「自分の才能が十分に生かされ、周りから潜在的な能力に期待をかけられ、そこで深く楽しめる経験を重ねられる」場所であり、決してやる気を失わせる場所ではないのです。

そのような目指すべき職場の姿は、大がかりな装置やシステム導入などのコストをかけることで成し遂げられるものではありません。

職場における関係性の改善に取り組みながら、互いにちょっとした意識づけ、心がけ、そして取り組みによって構築していくものなのです。

あなたも、そしてあなた以外の人たちも多くの時間を過ごす職場を、単なる仕事の場所ではなく、人生・キャリアを充実させるために取り組む場所と考える。

まずはこのような意識づけをもって本書を読み進めていただけると幸いです。

社員の関係性こそが企業の基盤

社員の関係性がよくなることは、やる気を高めることはもちろん、職場にさまざまな変化をもたらします。

私が、これまでかかわった企業では、次のようなことが起きました。

・社員の不本意な離職率が低下する
・コミュニケーションの齟齬《そご》によるムダがなくなる
・指示の言い違い、とらえ違いによるエラーが減る
・「企業×社員」のエンゲージメント（組織に対する愛着）が高まる

・縦割りだった、部署間の連携がスムーズになる
・他責だった社員の志向が、自己課題自己解決型へ向かう

そもそも**組織とは、「1人では成し遂げられないような大きなことを、強みや弱みを相互補完しながら協働することで、成果のみならず互いのキャリア成長をも最大化するためのシステム」**です。

そこでは、物理的に人が集まっていることより、集まっている人たちが心理的につながっていることが大切です。

少年漫画などで王道の、「はじめは弱く小さな主人公が、大きな敵には歯が立たず、時に逃げ出そうとさえする。それでも諦めずに仲間と関係性を深め、お互いの特徴を生かしあいながら、それまで以上の実力を発揮し、以前は歯が立たなかった大きな敵を討伐するストーリー」は、何歳になっても心惹《ひ》かれます。

つまり、ただ単に一緒にいるだけでなく、心理的につながるドラマがあることに心が動くのです。

職場を舞台に、主役を自身に置き換えて同じストーリーを描くと、自身や同僚が持っている力を合わせれば、【1+1】の結果を2ではなく、3や4、さらには10や100にすることが可能だということです。

実際に、いくつかの企業が、職場における社員同士の関係性の改善を実践に移し、**職場を「職務をする場所」ではなく、「職務を通じて互いの可能性を見出す場所」に変えて成果を出しています。**

iPhone(アイフォン)の開発に至った「2人のスティーブ」の話は、その代表です。

アイフォンがスマートフォンとして世に出るまで、電話とカメラ、音楽再生機器、さらにはPCの機能をオールインワンでポケットに入れて持ち運ぶなんてことを誰も成し得ませんでした。

1人のスティーブであるジョブズ氏は発想の持ち主であり、もう1人のスティーブのウォズニアック氏はエンジニアでした。

この2人が互いの可能性の最大化に向けて関係性を高め、スマートフォンを生み出し「世間をアッと言わせた」ことは有名な話です。

このように、商品開発や新規事業において、部署横断で行うほうがクリエイティブなアイデアが出るといった話には、共感を抱くのではないでしょうか。

部署間を超えて関係性を築き、お互いを理解し、生かしあえば、少年漫画と同じように、想像以上の成果物が生み出されるのです。

マサチューセッツ工科大学組織学習センター共同創始者のダニエル・キム氏が提唱した**「成功循環モデル」では、組織が継続的に成長し結果を出し続けるために必要なこととして、最初に関係の質を高めることの必要性を挙げています。**

また、シカゴ大学の心理学者でモチベーションに関する「フロー理論」を唱えたことで有名なミハイ・チクセントミハイ氏は、**25年におよぶ調査の結果として、幸福には「意味のある仕事を持っていること」「周りの人との関係の質」が最重要であること**を突き止めています。

日本では、京セラの創業者であり、ＪＡＬの再建を陣頭指揮し経営の神様といわれる故稲盛和夫氏が、京セラでは「心の通じあえる社員同士の結びつきを経営の基盤においてきた」と言っていました。

「新型コロナウイルスのまん延によって、人と人とのかかわりが制限された時代を過ごしてきた今、社員同士の関係性、社員間のコミュニケーションこそが企業活動において重要だと実感した方も多いのではないでしょうか。

では、どうすれば、社員同士の関係性を深めて、部下やチームメンバーがやる気をなくさず、高いパフォーマンスを出せるのか？

そのために組織は、リーダーは、なにに取り組んだらよいのか？

職場で社員同士がよりよい関係性を築くことは本当にできるのか？

本書にはその答えをまとめました。

日々、**実業務に追われ自分のことで精いっぱいで、周りのことに気をつかう時間なんてないという方も少なくない**と思います。

しかし、本書でお伝えする実践で効果の出ている内容を取り入れることで、ほかの社員との意思疎通が図れるようになったり、協力者が現れるようになったりなど、そこに**投資した時間と労力以上の大きなメリットが、あなた自身にもたらされる**ようになります。

なにより、**人生の多くの時間を関係がぎくしゃくした場所で、悶々と過ごすのは実にもったいない**ことです。

あなたの人生をよりよいものにするためにも、職場の仲間が一層の成長に向かうためにも、本書がよりよい職場に変えていく際の手順書となれば、幸いです。

職場風土改善の専門家　中村 英泰

『社員がやる気をなくす瞬間　間違いだらけの職場づくり』目次

第1章　社員のやる気を奪う職場とは

第2章 職場風土の改善は、「関係密度」がカギ

第３章 「関係密度」を高められる人になるために

第４章　社員のやる気を一気に奪う、間違った職場づくり

第５章　未来に向けてどのような職場風土をつくるべきか

第1章

社員のやる気を奪う職場とは

社員のやる気がある職場とない職場の決定的な違い

「部長が急に朝礼で、『毎月1回、上司と部下が、面談をすることに決まりました。今月から実施するように』って言いはじめて……。うちの会社って中身を決めずに、とにかくノルマにしたがるんです」

「社長が突然、思いついたかのように『パーパス（目的や意図）が重要』って言い出して、翌週からなにをするにも『君のパーパスはなにか？』って、まるで合言葉のように、上司たちが連呼しはじめて……。パーパスの重要性をわかっている人なんて、絶対1割もいないですよ。そのとき、この会社ダメだって思ったんです」

「なんとか現状を変えようと提案をしたんですよ。でも、上司は事なかれ主義なのか、まったく取りあってくれなかったんです。なのに、あるとき役員との打ち合わせで『うちの部門はやる気が低くて、提案も上がってこないんです』って言っているのを聞いて、正直心が折れました」

このように、**社員がやる気をなくす瞬間は日常にあふれています。**

その**瞬間が、いつしか習慣になって積み重なり、我慢の容量を超えてしまったとき、社員の思いは職場を離れ、「転職」という選択へ**と向かいます。

これまでは、妊娠・出産、育児や介護などのライフイベントによって、仕事と家庭の両立が困難になったために行う「やむを得ない退職や転職」が当たり前でしたが、現在では、仕事と生活の両立が多くの企業で実現可能になり、そうしたケースは随分と減少しているように感じます。

にもかかわらず、転職者があとをたたないのは、やる気をなくす瞬間が職場に、あふれかえっているからではないかと考えられます。

人のやる気を上げるために必要なことは？

「なぜ、転職したのですか？」と、転職した人たちに前職の離職理由を尋ねると「ダメだ」と思った瞬間を本音で話してくれます。

採用フローに問題がない限り、辞めるつもりで入社する人はいません。

辞めるつもりで入社したわけではない限り、その転職は本人にとって、本当に不本意な選択です。

多くの日本企業が戦略なき転職者に対して優しくない現実を考えても、できるなら続けて働きたかったのではないでしょうか。

では、社員の「やる気」を高めるにはどうしたらよいのでしょう。

それさえわかれば、定着率は改善に向かい、募集広告費、面接や入退社手続きなど間接的なコストの削減に限らず、事業計画に対する計画的な人員配置ができるようになるなど、企業にとって多大なメリットがもたらされるはずです。

「やる気」を上げるものは大きくわけると2種類あります。

1つが**給与を上げたり賞与や役職を与えたり、職場の設備環境を改善したり、福利厚生や就業規則を整えたりといった、物的側面**です。

これら物的側面からの「やる気」の向上は資金と、改善する意思があればどの企業でも整えられます。

これで全面解決となればよいのですが、実はもう1つ、**社内の雰囲気や価値観、従業員同士の関係性、コミュニケーションのあり方、上司と部下間のパワー関係、仕事のストレスや満足度といった人的側面**が「やる気」には大きく影響を及ぼします。

双方の特徴として、物的側面からの取り組みは比較的短期間で対応可能ですが、効果は長続きしません。

一方、人的側面からの取り組みは、改善までの時間に長くを要しますが、ひとたび定着すればその効果は持続します。

社員のやる気を引き起こす2つの側面

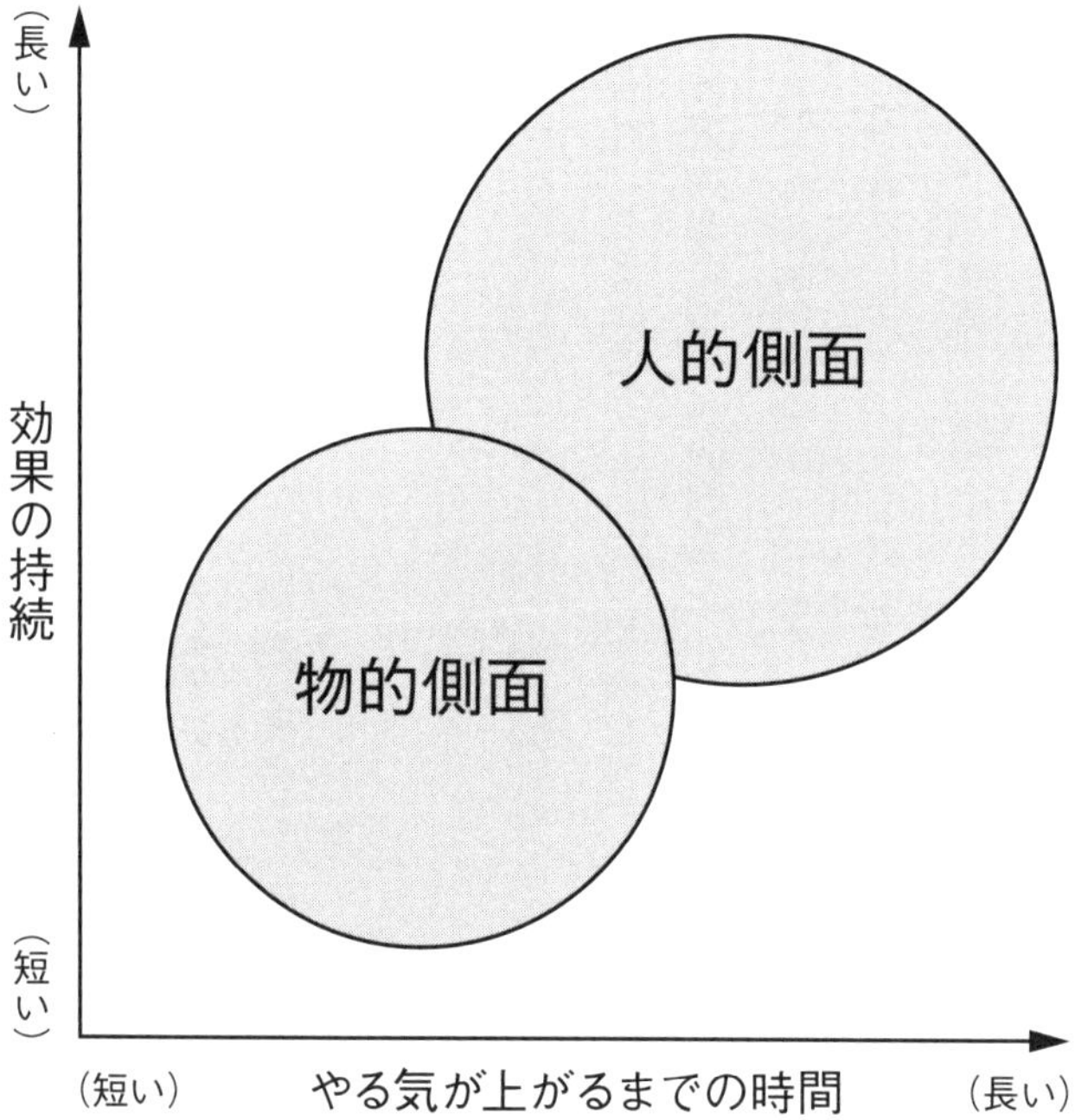

物的側面は、やる気をすぐに上げますが、効果は持続せず、人的側面は、やる気を上げるまでは時間がかかりますが、その分、効果は長く続きます。

職場風土で、社員のやる気が大きく変わる

人的側面が、やる気の持続に大きくかかわってくると前述しましたが、これらの**人的側面に影響を与えているのが「職場風土」**です。

職場風土は、部署やチームの社員同士の長年の関係性によってつくられる、ある種の文化です。

たとえば、活発に意見交換ができる職場なら、社員が互いに相談や連絡をかけあう声で、活気づいた職場風土になります。

ワンマンな上司がいる職場では、社員が上司の様子や機嫌をうかがったりする職場風土となります。

また、一切自分の仕事以外のことは考えない人ばかりだと、交わされる話は形式ばった、事務的なものに限られ、お互いにドライでどこか冷めた職場風土となります。叱責《しっせき》が職場に響きわたれば、どんな職場風土になるか想像しやすいと思いますし、ドライでどこか冷めた職場風土でやる気を維持する難しさも、理解いただけるのではないでしょうか。

ユーザーとしてサービスの提供を受ける際に、値段や立地、店構え、煌《きら》びやかな内装ではなく、ちょっとした言葉がけや働いている人たちの立ち振る舞いに感心してよく通うようになった経験はないでしょうか?

逆に、忙しいのはわかるけれど、ぞんざいな対応をされて、二度と訪れたくないと感じた経験。こちらを経験したという方が多いかもしれませんね。

端的にいえば、そこで感じているのが風土です。

風土次第で、働いている人も、顧客も時間を楽しく過ごせたり、つまらなくなったりするのです。

ビジネスシーンにおいても、訪問先の企業でスマートな来客応対をされて、清々しい気持ちで応接室に通されると、その後の打ち合わせで思わず「なにか、特別なことに取り組んでいますか?」と秘けつを確認したくなるような企業もあります。

そして、**職場風土は、長い年月を経ていつしか企業文化となり、企業全体にいい面も悪い面でも大きく影響を与えるようになる**のです。

そもそも私がなぜ、職場風土に着目するようになったのか、自己紹介を兼ねて簡単にお伝えします。

私は、これまでの職業人生18年間(2016年以降は法人設立したので、カウントしていません)を計4社の人材サービス会社で過ごしてきました。

最初は地元のベンチャー企業、続いて通信会社の系列企業、3社目が銀行と商社が出資する企業、最後がアフリカ人の就労を支援する小規模事業会社です。

この間に700社を超す企業の「働いてほしい」という要望と、1万人を超える「働きたい」という願いを結びつけてきました。

そのなかで、次のような事例がありました。

・建設会社の空港建設で、事務用品の調達からはじめる事務業務
・商社の海外貿易業務で、時差のある海外駐在員複数名に対する秘書業務
・通信機器販売会社で、小休止が取れないほど多忙な基幹システム構築の補助業務
・第三セクターで、当年の余剰予算を消化するための2カ月間のファイリング業務
・神社の初詣で集まった御賽銭《おさいせん》を、3時間以内に勘定する業務
・不動産会社の支店で、人間関係が悪く1カ月で4人離職した職場の営業事務
・前任者の離職で、引継ぎがまったくできないセラミック製品製造会社の現場事務
・親会社の命により急遽《きゅうきょ》発足した電子部品製造会社で、社内ルールをゼロからつくる総務事務

これまでかかわってきた人たちやその職場を振り返ってみると、商店から中小、そして大企業までバランスよく職場を観察できたことが、私にとって最大の資本になっています。

いろいろな職場をみていると、企業規模や働いている人の学歴に関係なく、イキイ

キと人が働く職場があり、そうした職場には必ず「お疲れさん」、「ありがとう」、「助かったよ」、「期待しているよ」と**タイミングよく声をかける、モチベーターとなる社員**がいます。

その一方で、諸条件は申し分なくて、働く本人も「念願の仕事」だと言っていたはずなのに、１週間も経たずに「これ以上は、続けられません」と、泣く泣く離職してしまう人が多くいる職場もありました。

こういった職場は、**モチベーターとなる社員が不在であることはもちろん、当該部署を覗《のぞ》くと「一言では言い表せない」不穏な職場風土**だったりします。

契約を履行《りこう》せず、途中離職することを正当化はしませんが、離職する理由に納得してしまうことも少なくありませんでした。

そうした経験を重ねるうちに職場風土の大切さや職場は「仕事をするだけの場所」ではないのかもしれないということに気づき、「やる気を持って働き続けることとはなんなのか」を考えるようになったことが、職場風土改善の専門家である今につながっています。

「職場風土診断」で、あなたの職場のタイプを知る

私が企業の中に入って職場改善をさせていただくときに、まずやることがあります。

それは、昼食時に合わせて訪問し、社員食堂で食事をさせていただくことです。**社員食堂の雰囲気で、職場風土や社員同士の関係性を把握することができる**からです（社員食堂のない企業では、休憩室など食事をとっている場所で仲間に入れていただくようにしています）。

コロナ禍で様相は変わりましたが、社員食堂で部署間の垣根を越えて話をしている企業は、職場風土も活気があり、社員同士の関係性もうまくいっている場合が多いです。

逆に、個々に分散して静かに食べている人が多く、どこか淀《よど》んだ感じの雰囲気が漂う企業の多くは、大抵、職場風土も、社員同士の関係性もうまくいっていません。

ひとえに職場風土がうまくいっていないといっても、その様子はさまざまです。社員のやる気が高い職場と、**やる気をなくす瞬間が日常になっている**職場をみてきたなかで、**職場風土には、社員同士の接触の量と、接触の質の２つが絡みあって影響しているこ**とがわかりました。

まずは、皆さん自身の職場がどうなのか、リーダーや管理職の方は、自分と部下の日常を思い出しながら、一般職の方は職場の情景を思い出しながら、部署やチームの日々の業務のなかで、**どのような接触が行われているのかを思い返して、次の質問に答えてみてください。**

どちらも8個以上あれば、まずは、職場風土は良好といってもよいと思います。

では、はじめてみましょう。

A）接触の量がわかるチェックリスト

□ 出社、退社のあいさつが交わされている

□ メールで簡単に済ませられることを、
直接言い渡される

□ この1年で困りごとを相談されたことが
複数回ある

□ 昼食は、1人ではなくほかの社員を誘っていく

□ 社内に接触の量を高めるための仕組みや
制度がある

□ 他部署の社員同士が
立ち話（電話）をしている場面をよく見かける

□ 上役への相談・報告は
かしこまることなく直接言える

□ 自身が忙しいときでも、
部下や同僚が気にせず相談ごとを持ち込む

□ 部下や同僚の繁忙期においても、
気兼ねなく相談ごとを持ち込める

□ 社内の他部署に仕事以外の雑談でも
話せる社員が複数名いる

B）接触の質がわかるチェックリスト

- □ 出社、退社のあいさつが交わされる際、名前（呼称）で呼ばれている
- □ 他部署の人と飲食（ランチを含む）をする機会が多い
- □ 仕事以外の相談をできる（してくる）人がいる
- □ 会議になんの前振りもなく他部署の人が参加し、発言する
- □ 社外で仕事以外の都合で集まることがある
- □ 本人がいない場所で、高評価や実績を称える発言がされる
- □ 過去に離職した社員とも連絡を取りあう
- □ 他部署の社員から相談を受けることがある
- □ 他部署の問題や課題に対しても、日頃から提案や評価を行う
- □ 部下が５年後に描いているキャリアを知っている
- □ 人間関係の重要性について聞かれた際に、自分の言葉で説明できる

いかがでしたか？

これは、職場の社員同士の関係性の状況を確認し、類型して判断するために、いくつかの職場の傾向を踏まえて作成した簡易的な「職場風土診断」です。

ご自身の職場がどこに属するのか確認してみてください。

- **A．B．の両方が8つ以上の職場は、「創発型風土」の職場です**
- **A．量より、B．質が多い職場は、「能動型風土」の職場です**
- **B．質より、A．量が多い職場は、「受動型風土」の職場です**
- **A．量、B．質ともに5つ未満の職場は、「離散型風土」の職場です**

職場風土は、人がつくり出しているため、常に動き、変化しています。

日頃から職場を観察することで、把握されたそれぞれの特色を踏まえて改善に取り組めば、「職場でやる気が失われること」はなくなり、よい職場風土へと変わっていきます。

それでは、次に職場風土の改善のとっかかりとなる４つの類型を１つひとつ見ていきましょう。

あなたの職場はどのタイプ？

接触の質（高い）

能動型風土

・社員が人生の目的を持つことに必要性を感じていない

・社員の不満や問題が潜在している傾向がある

創発型風土

・社員同士の関係性が密で、いい職場風土

・イノベーションが起きやすい

離散型風土

・社長や管理者がことの重大さに気づいていない

・社員が自身を歯車だと思っている傾向がある

受動型風土

・社員は事業方針やルールを忠実に実行する

・社員は目の前の成果のみを追い求める傾向がある

接触の質（低い）

（少ない）　接触の量　（多い）

38～39ページのチェックリストを使って、どのタイプにあたるか診断してみましょう。

社員がやる気をなくす原因は、職場風土のタイプで違う

まずは、創発型風土の職場からみていきましょう。

創発型風土の職場には次のような傾向があります。

- **社員が目標や方針を達成することを企業の目標としている**
- **社員が目標達成できるよう、話しあいや相互調整をしながら進めている**
- **社員のキャリア成長のため、企業の機能を生かすことに力を注いでいる**

創発型風土の職場には次のようなタイプの上司がよくみられます。

- **社員の目標や方針をどのように達成できるかを考えている**
- **社員同士の関係性を高めるため、社員の距離を近づけることに取り組んでいる**

・目標の達成に、社員の成長、キャリアの充実が必要だと思っている

「創発＝当初想定していた意図や計画を超えるイノベーションを生み出す」を冠している型だけあって、これまでの「職場は働く場所」であるという一般的な常識をもとに培われた「ものの見方」「考え方」「規範」「価値観」「想定する結果」のすべてを超越する職場風土です。

ほかの職場の型と同様に**問題は常に発生しますが、その都度関係性が強化され、そうした問題をも推進力に変えていきます。**

実際にあった例を紹介します。

ある職場の女性社員が結婚を機に、好きな仕事をこれ以上続けられないことを申し入れしました。

残業や不規則な休日が彼女を悩ませていたことが背後にはあったようです。

詳細は省きますが、上司と彼女、時に職場のほかの社員が議論を重ね、短時間勤務制度を創設することで働き続けることになりました。

今では当たり前の制度ですが、2012年に時短勤務制度が義務化されてはいたものの、特に中小企業では、あまりうまく機能していなかった時代の話です。

職場の仲間が彼女1人のために会社の仕組みでさえも変えてしまったわけです。

そのときの**上司が口にした「企業を思って働く社員が働きやすいように職場を整えるのが私の役割です」の言葉に、カルチャーショックを受けた**ことを今でも鮮明に覚えています。

このように、特に、「個人」対「個人」、「企業」対「個人」の利害が相反する場面で、お互いの意見の細部まで根気強く妥協なく、結論ありきではなく互いの考えをオープンにし、議論を重ねながら物事を進めるのが、創発型風土の特徴です。

あなたの理想とする職場風土はどのようなものですか?

社員の満足度が高く、互いの成長を通じてワクワクしながら働き、結果として生産性を向上させる職場を理想とするのであれば、それは、創発型風土です。

その思いを理想で終えることなく、本書を読み進めながら、実現に向けて1つひとつ取り組んでいきましょう。

やる気減退に上司が気づきにくい、能動型風土

接触の質は高いけれど、量が足りていない能動型風土の職場には、次のような傾向があります。

- **企業の目標や方針、達成するための方法は全員で決める**
- **企業の目標達成に向けて話しあいや相互調整をしながら進めている**
- **企業の成長のため、社員を生かすことに力を注いでいる**

そして、能動型風土の職場には次のようなタイプの上司がよくみられます。

・全員で決めた目標や方針のために上司としてできることを考えている
・1on1面談、評価面談による、接触を増やすことに取り組んでいる
・目標の達成に、社員の成長が必要だと思っている

能動型風土の職場は、接触の質はよく多くの社員が能動的に動いているので、一見するとうまくいっているように感じます。

気がつくと疲弊《ひへい》感からムラが目立つようになり、どこからともなく身内に敵を見つけ出し、愚痴《ぐち》や不満をぶつけるようになります。

その背景には、多くの場合、**社員が「目的や目標を、企業や組織のものに照準し、自らでは未設定だったり、そもそも人生に目的や目標を持つことの必要性を感じていなかったりすること」が原因**として見られます。

企業や組織が、自分の一生にわたって幸福をつくり出してくれるわけではないことを知りながらも、自分では将来や、幸福を定め切れていません。

そうした現状をどことなく企業や組織に裏切られたと感じている社員が少なくないのが、能動型風土です。

確認する意味で、**職場の部下や後輩、上司に「我が社の仕事はなんでしょう」と質問してみるとよりハッキリする**と思います。

売上や製品のサービスの向上についての話がなされることが多いはずです。

この風土の職場には、**不満ではないが満足でもないという人が多くいるため、潜在的離職者を抱えている可能性**があります。

そのため、職場になんらかの変化が起きることで、売上の減退や離職、メンタル不調の申し出などが一気に噴き出す可能性をはらんでいます。

時折、「面談や飲み会などの機会を増やすことで、創発型の風土になるのではないか」との質問をいただきますが、結論からいえば、それは間違いです。

物理的な接触の量を増やすことで一層の負担が増し、忙しさを増長することになります。

知らず知らずのうちに、「やる気」がゼロになって離職というケースも少なくありません。

ではこの能動型風土が創発型風土に向かうためにはどうしたらよいのでしょう。

本書を読み進めていただければ、答えを見出すことができますが、まずは、**「なぜ、この会社なのか、この仕事なのか、私はこの職場以外ではダメなのか」を職場で話しあい、互いの共通点、企業や組織との共通点を見出していくことが必要**です。

管理をするのが大好き！　受動型風土

接触量は多いけれど、1回1回の質が低いのが受動型風土の職場です。

受動型風土の職場には次のような傾向があります。

・企業の目標や方針は、社長や役職者が状況を判断して示す

・意思決定プロセスやマネジメントが細かく整備され、正解が示されている
・人を企業が成功するための機能として管理している

受動型風土の職場には、次のようなタイプの上司がよくみられます。

・社長や役員が決めた目標や方針を信じて従っている
・標準手順作業書やマニュアル、仕様書にないことは取り組まないようにする
・目標の達成に、社員の成長やキャリア充実は必要ないと思っている

この受動型風土の特徴は、企業や組織の事業方針やルール、目標が明確にセットされ、これを忠実になぞるように実行に移す傾向がみられます。

そして、当期のすべての行動は、当期の成果につなげなければならないとしている考えが、濃淡はあれど、職場においては優位です。

さらには、単年で、できたこともできなかったこともリセットされたり、急な退職もあるため、**ノウハウを蓄積することが苦手**だったりします。

制度改革が行われる際に、そうした課題をクリアにするため面談制度が組まれることもありますが、面談において欠かせないヒューマンモーメント（本来、人と人が接点を持つことの意味、人間らしいかかわりあい）に取り組むための方法・手段よりも、回数や時間、頻度やフォームに重きを置いた実効性を優先します。

職場の社員間のコミュニケーションが一層シンプルになり、面談における成果が出なくなっているのも特徴の1つです。

また、**職場で突然の離職があっても、この場合も「結局うちには合わなかった」で片づけられるケースがよくみられます。**

受動型風土から、創発型風土を目指すには、

・互いが組織や職場に属することで得られているメリットはなにか
・隣の社員になにができるのか、隣の社員がいないことで受ける影響はなにか
・今の仕事は組織に属さず、1人で成せるのか

を考える機会を職場内で持ちながら、ヒューマンモーメントを１つ１つ丁寧につくり出していくことが大切です。

関係性が崩壊寸前！　離散型風土

接触の量も少なく、質も高くない。これが離散型風土です。
離散型風土の職場には次のような傾向があります。

- **企業の目標や方針は、社長や役職者がこれまでの経験をもとに示す**
- **費用対効果がハッキリしないことには手を出さない**
- **モノ、カネ、情報は大切にするが、人は取り換え可能な歯車と考えている**

離散型風土の職場には次のようなタイプの上司がよくみられます。

- **社長や役員が経験にもとづいて決めた目標や方針を受け入れる**
- **目標がハッキリしない、新しいことには手を出さないようにする**

・社員の成長やキャリアの充実は重要ではないと思っている

社員の関係性は、赤信号です。

実際このタイプの職場におうかがいすると、「いや、中村さんそうは言うけど、うちの会社はうまくいっているよ」や、「私が定期的に面談しているから、大丈夫」「定期的に飲み会や親睦会を開催していて交流も盛んだからね」という声が代表や役職者から聞かれます。

ただ、いざ社員面談に入らせていただくと、「職場に関係性はありません」「あの社長と、なんでも話せると思いますか」「親睦って、役員が経費で飲みたいだけですよ」「言うことは立派ですけど……」などのコメントがため息交じりに聞こえてきます。

職場がこのように、「風土に無関心」になってしまう背景には、**「誰にとっての職場なのか」「誰の視点に立った関係性なのか」という問いに対する答えの「誰」の部分を、代表や役職者が自分自身にしてしまっている**のです。

「裸の王様」という物語があります。

王様は周りの意見を取り入れず、批判者や反対者がいないため、自己を常識として生きています。あるときそうした思考が災いして、「透明の生地のよさは、下位層には理解できない」と思い込み、「裸で街を歩く」という、大失敗をする童話です。

心理学において「確証バイアス」という言葉があります。

これは、自分の価値観や考え方に都合のよい情報を集めて注目する一方で反証となる証拠や情報を無視したり、探す努力を怠ったりする認知のゆがみを示すものです。

仕事において物事を評価する立場であれば既知の方も多いと思います。

いわば、**「人が見ることができるのは自分が認めたこと、人が行動として選択できるのは自分が知っていること」**にとどまるのです。

常に真実の半分は、自分には知ることができない外の世界にあります。

代表や役職者が、「組織は自分の思いや考えを実現するためのものであり、社員は、給料をもらってその一部を担うもの」だと少しでも思っていると、社員は人材＝材料でしかありません。

すると、「材料にまともな考えなどあるわけがない。ましてやその意見など聞いても仕方ない。わきまえなさい」となるわけです。

大学の非常勤講師としてキャリアの授業を担当していると、学生の働くことに対する考え方が、私が社会に飛び出した20年前とは別物になっていることを痛感します。

次世代を担う学生たちは、職場に対して、「単に目の前の仕事をする場所」から「働くことを通じてキャリア成長する場所」であることを期待しています。

そのために、**ブラック企業に対する定義も、数年前までの「過重労働、賃金未払い、労働問題を隠蔽《いんぺい》する企業」から、最近は「入社から5年たったときに、経年や経歴ではなく、能力の獲得とともに何者になれているのかを説明できない企業」**へと移り変わっています。

代表や役職者が、組織は「自分と社員の思いや考えを実現するための場所」ととらえ、社員は「人生の資源である時間を投じて成功を模索している存在」だと考え、そして職場は「その実現に向けて、確かな関係性をもとに互いに試行錯誤する場所（キャリア成長する場所）」だととらえ直すことが大切だとあらためて感じます。

さて、先ほどの職場風土診断、あなたの職場はどこに分類されましたか？

チェックリストに真剣に答えるためには、今の職場をしっかりと観て（創発的な行為は「見える」や「見る」ではなく「観る」です）、考えなくてはなりません。

そして、現状を知らなければ、解決策をみつけることは不可能です。

つまり、この**チェックリストに答えるために、今の職場をしっかり観たことがすでに、職場風土の改善、社員の関係性をよくし、やる気を上げるための大きな一歩を踏み出した**といえるのです。

社員同士の関係性を改善すれば、職場風土は変わる

ここまで、やる気をなくす原因をそれぞれの職場風土のタイプ別にみてきましたが、職場風土を改善するためには、具体的に、なにをすればよいのでしょう。

この章のはじめに、職場風土は、部署やチームの社員同士の長年の関係性によってつくられる、ある種の文化と説明しましたが、**職場風土を改善するには、社員の関係性を改善する必要があります。**

それは、制度や仕組みで変えられることではなく、1人ひとりの日々の行動や考え方によって変わっていくもので、まずは、社員同士の関係性に目を向けて、改善を試まなければなりません。

詳しい方法や考え方は、２章からお伝えしますが、関係性の改善は、**「どんな職場であっても、誰であっても、『やる気をなくす瞬間』がある」という事実を受け止めるとともに、それが常に発生しているということを認識すること**からはじまります。

ものづくりでいう三現主義（机上の空論ではなく「現場」「現物」「現実」の３つを重視する考え方）と同様です。

私が提唱する関係性の改善は、組織行動学におけるソーシャル・キャピタルの考えを基点に、私の実践知を加えたフレームです。

ウェイン・ベーカー氏が著書において、ソーシャル・キャピタルとは、「人と人がつながりあうことによって得られる資源であり、職場の創発を生み出す重要な要素である。

キャピタル（資本）という言葉が示しているように、ソーシャル・キャピタルは、組織の生産性や目標を達成させると同時に、個人が人生の使命を果たし、社会に貢献することをも可能にする」と述べています。

関係性の改善を基盤としている職場で働く社員には、次のような特徴があります。

・私が、ほかの社員に対してどんなメリットをもたらしているかを知っている
・私が、隣の社員のためになにができるのかを知っている
・未来の成功は、1人では成せないことを知っている

多くの企業が、経営理念に「ビジネスを通じて、幸せを創造する」ことを掲げています。

その対象に職場の仲間は、社員は含まれているでしょうか。

ここで、関係性の改善に取り組み、職場風土改善を成し遂げたいくつかの企業の事例を共有します。

同時に、関係性の改善に取り組む前の「社員がやる気をなくしている」状況も共有します。

読んでいただき、やる気をなくしている要因はどこにあるのか、あなたならなにに取り組むかを考えてみてください。

ただし、各企業、細かな事情を把握したうえで取り組んだ施策です。

事例を正解とせず、参考にとどめてください。

事例1　1on1面談はなんの目的があるんですか？

A社は、若年層社員の退職者が増えている現状を改善するために、1on1面談を3週に一度実施することを決めました。

上司は部下の状況や問題の把握。部下は報・連・相を行うことが主な目的です。制度導入から1年が経過し、効果測定と改善に向けた課題抽出のため、私が外部面談に入ることになりました。

外部面談とは直属の上司が部下と行う面談とは別に、他部署や外部の専門家が行う面談のことです。

被面談者からすると、直属の上司には話しづらい本音や個人的なことなどを話すことができます。

組織からすると、質的な課題の抽出やまだ顕在化《けんざいか》していないことを確認するのを目的に行われます。

すると、次のようなコメントが集約されました。

上司

・忙しくて時間がとれない

・部下が面談に後ろ向きで会話にならない

・そもそも、話すことがない

部下

・繁忙期で残業もできないのに、突然面談を設定されて困る

・上司から「面談しないといけないから」と義務的なコメントを言われる

・何回か、改善したいことを相談したが一向に返答もない

やる気をなくす要因はどこにあるのか、あなたならなにから、どんなことに取り組むのかを考えてみてください。

いかがですか？

１．やる気がなくなっている要因

上司と部下が「形式的に席に座わっていますが、心理的に向きあえていない」１ｏｎ１面談が重ねられているようです。

お互いに、面談時間に意義も持てず、「やらされている感」を覚えていて、それがやる気をなくす要因になっています。

２．なにに取り組み、どう職場風土の改善をしたのか

①面談をやめることを告げ、代わりに、参加者を入れ替えて職場の課題を共有する場を複数回設けました。

②その結果、「報・連・相や意見が言いづらい」「客先からのクレームが増えている」「社員同士が互いに協力しあうことがない」の３つに、課題は集約されました。

③３つの課題に対して、改善するための具体的方法を考えてもらうように各部へ依頼をしたところ、「１ｏｎ１面談を各自で回数を決めて実施し、１年ごとに、課題を確認し改善していく」ことになりました。

3．観察ポイント

こんな簡単なことで解決できるのかと、不思議に感じたと思われる方もいると思いますが、実は「やらされている感」は、やる気を削《そ》ぐ一つの要因です。

いつしか「決められたとおりにやらされている1on1面談」が増えて、負担を感じるようになっていたのです。

振り返ってみると次の3つが観察ポイントです。

- **もともと、職場に若年層社員の退職者が増えていることへの課題感があった**
- **課題に対して「なにかする必要がある」と潜在的には思っていた**
- **内発的な動機が整う前に、外発的な方法（面談）がセットされた**

いかがでしょう。やる気をなくす要因となっていた1on1面談が、主体的な取り組みへと変わりました。

人が新しい行動を習慣化するのに必要な期間は66日という統計が出ています。

そして、その習慣化するまでの66日の継続に欠かせないのは、主体的な意思です。

今この企業では、１ｏｎ１面談は定着して3つの課題は、改善に向かいました。

事例2　誰のためにやっているか

Ｂ社は、代表が「部下を成長させたい」「部下と一緒にいいものをつくりたい」という強い思いを持った企業です。

ごあいさつにおうかがいした際も、冒頭にそのことを熱弁されていました。

社内の至るところに「社長直送ご意見箱」「今月の感謝賞」「お客様からの声」などが掲示されていて、社長の思いの片鱗をみることができました。

ところが、いい会社だと思って外部面談に入ると、印象は一転します。

上司

・なにを言っても社長には伝わらないよね、社長の本心がわからない

・社長の思いはわかるけど、なんでもやればいいとは思わない
・社内の掲示物の作成とか、持ち帰って、自宅でやっているんだよ

部下

・社長の考えに共感して入社しました。いい会社ですよ
・上司の社長批判が聞くに堪えない。本当に嫌なんです
・この会社には尊敬できる上司がいません。役職者にはなりたくないです

社長

・気づいていると思いますが、わが社の中堅社員さんは使えません
・会社は、若手に期待しています
・苦手なことも徹底して取り組めばできるようになります

やる気をなくす要因はどこにあるのか、あなたならなにから、どんなことに取り組むのかを考えてみてください。

いかがでしょうか?

１．やる気がなくなっている要因

これはわかりやすい事例です。

お互いが足をひっぱりあっている状態です。

人の考えや感情は言動や行動に表れます。

「社長は、上司を含む中堅社員に否定的」で、「上司は、社長の改善行動に否定的」、「部下は、社長以外の上司・役職者の存在に否定的」である。もはや互いが「坊主憎けりゃ袈裟《けさ》まで憎い」の世界です。

そのため、お互いの接点を最小限にとどめようとしている傾向があり、そのことがもとで社内の至るところに「やる気をなくす瞬間」を産み出していました。

２．なにに取り組み、どう職場風土の改善をしたのか

①上司、部下、社長と、全社員の外部面談に入りました。

聞き取りのポイントは「なにが許せないのか」「それはなぜか」「それでもこの会社にいるのはなぜか」です。

②その結果は次のようなものでした。
・「なにが許せないのか」に対する多くの意見は、「お互いに『自分勝手』だと思っている」
・「それはなぜか」に対する多くの意見は、「相談もなしに決めて押し通すから」
・「それでもこの会社にいるのはなぜか」に対する意見は、分かれましたが、主には「給与などの条件がよい」「多くの社員ががんばっている」「多くの顧客から支持がある」

③これらを踏まえて、社員をランダムに小グループに分けました。
グループに「企業とはなにか」「この企業を通じて私たちが得たいものはなにか」「その実現のためになにをするのか」を話す機会を複数回設定しました。

結果、現在創業48年の企業を、「１００年経っても顧客に愛される企業」にするというビジョンができあがりました。

そして、その達成には、ほかの社員の協力が必要であることがわかったようです。

もちろん、その後「100年経っても顧客と『社員』に愛される企業」とビジョンは変わりました。

3. 観察ポイント

多くの社員が、お互いに対する期待が過剰で、足りないことへ目を向けていました。それぞれが日頃から取り組んでいることに目を向け、それはなににつながっているのか、さらには**「そうしたほかの社員の存在が自らに必要である」ことを小グループで何度も確認**しました。

振り返ってみると、次の3つが観察ポイントになっていました。

・もともと、増収増益と業績はよく、顧客からの評価も高い企業であった
・それぞれが、企業の成長のため目の前のことに取り組んでいたが、働き手の側に立ったビジョンの設定がなかった
・そして、ほかの社員の「できたこと」より、「できていないこと」へ注目する風土

がつくられていた

人は、「他者のできていないことに対して気になる」傾向があります。

心理学ではツァイガルニク効果と呼んでいます。

そのバイアスを外すためには、これまであまり考えたことがない目標やビジョンを設定したり、（この事例においては、自身が取り組んでいること、ほかの社員が取り組んでいることをテーマにしました）話しあいを重ねたりすることを意識して行うのが大切です。

結果として互いに大切にすべきことがわかるようになりました。

事例3　自分でやるしかない……自己責任感満載

C社は、創業以来、安定して成長してきましたが、主力商材の海外販売の不振から、この数年、業績の低迷が続いています。

上下や横の再連携と情報の共有を目的に、あらゆる面談の機会を増やしました。

上司からは「順調に実施している」との報告が上がってくるものの、突発的な離職やハラスメント相談が続いたため外部面談に入りました。

上司

・そもそも、自分で数字がつくれないなら当社には合わないから辞めてもよい
・情報共有は業績の好不調に関係なく日頃から個人でやること
・今の業績低迷は、一部担当の問題。私は数字も順調です。この時間はなんですか

部下

・上司から今日は、15分で終わるように言われています
・問題は、2課の営業不振ですよね。ハッキリしていると思います
・予算達成できないと完全に悪者扱いされて、つらいです

やる気をなくす要因はどこにあるのか、あなたなら、なにから、どんなことに取り組むのかを考えてみてください。

いかがでしょうか？

1．やる気がなくなっている要因

以前、私が勤務していた企業も同じでした。社内には見えざる階層があり、「営業が一番偉い」雰囲気でした。

さらに、売れない営業は人扱いされず、早いと数週間で退職する人もいました。この企業でも、単一的な思考がとても強く、「平家にあらずんば人にあらず」の風潮が、社内に独特の緊張感を生み出していました。

「○○でないのはダメ」、「□は不要」、「△は意味がない」などの思考が大小入り乱れ、それに自身をマッチさせることができればよいのですが、そうでない人やなじめない人はやる気をなくしていきました。

2．なにに取り組み、どう職場風土の改善をしたのか

結論から申し上げると、本事例は改善に向けることができず、1年で打ち切りとな

りました。

なぜ、打ち切りになったのか理由だけお伝えします。

・1年取り組んだが、経営の重点項目に目立った改善が見られなかった
・社員から「意味が感じられない」「時間のムダ」との声が上がっている
・いろいろな施策を見直しているなかで、職場風土づくりに取り組む明確な意義が見当たらない

「職場風土づくりは万能ではなく、どんな企業でも必ず成果が出せるわけではない」とわかってはいても、C社のように、職場風土づくりが機能せず、プロジェクトが終了した事例に対しては、ご一緒いただいた社員の方々に対しては、申し訳ない気持ちでいっぱいになります。

確実に変化の兆しもあったので断腸の思いでした。

この事例を含むいくつかの取り組みを検証してわかったことがあります。

それは**職場風土づくりをある種のプロジェクトに見立てたとき、その成功に欠かせない次の5つがポイント**だということです。

・早い段階で、各部門のカギを握る人たちをプロジェクトに巻き込み、趣旨の説明と問題点の指摘、不満を口にしてもらうこと
・プロジェクトの参加メンバー同士がプロジェクト成功のイメージを共有し、そのために必要な重点項目を握りあうこと
・経営層に、企業の重要業績評価指標とプロジェクトの相関に言及してもらうこと
・社内で展開する前に、全社員がプロジェクトの趣旨を理解できる状態にすること
・職場風土が社員の力で持続的に改善するようにプロジェクトの終盤では、外部要因である私たちは過干渉にならないように存在を薄めること

社員が「やる気をなくす瞬間」についてイメージを持っていただけましたか？

「ビジネスを通じて、幸せを創造する」を、現実のものとするためにも、要因の1つひとつを洗い出し、職場風土の改善に取り組んでみてください。

第
2
章

職場風土の改善は、「関係密度」がカギ

社員同士の関係性は「関係密度」で決まる

ここからは、職場風土を改善するために、どう社員同士の関係性を高めていくかを説明していきたいと思います。

さまざまな企業の職場風土の改善をしていくなかで、「目標に向けて、上司と部下、社員同士が、お互いを認め尊重しあいながら目の前の仕事をやり切る。さらにはそれをキャリア成長につなぐ」ために、欠かせない要素が見えてきました。

それは**関係の密度**です。

単純に飲み会や1on1面談を定期的に実施したり、朝礼で社員が1人ひとり話す機会を設けたり、関係性をシステム化して測れるようにしたりすればいいというわけではありません。

それだけで職場風土を変えられれば、おそらくこれまで述べてきた問題は発生していないのではないでしょうか。

接触を持つことと同時に大切なのは、接触の際に「どのようにして信頼や職場の心理的安全性を醸成《じょうせい》させるか」といった接触の中身。つまり関係の密度が大切になってきます。

一見すると、人と人との関係性という、とても「あいまいなもの」に対する考えをまとめたのが、「関係密度」という1つの指針です。

組織内のメンバー同士が目的を共有し、役職や部署に関係なく、１つの目標を達成する仲間としての関係性を構築できているかどうか、をはかる指標といってもいいでしょう。

これを設けることで、なにを行ったらいいのかが明確になり、これまでご一緒させていただいた多くの企業が「職場風土づくり」に一段と取り組みやすくなりました。

では「関係密度」について具体的にみていきましょう。

「関係密度」を高める5つのポイント

「関係密度」を高めるために必要なのが第1章でも登場した接触の量と質です。

まずは、接触の量について説明していきたいと思います。

皆さんは、初めて会った人に対して「ちょっと苦手かも……」と感じても、何度となく接しているうちに、いつの間にか仲良くなっていたという経験はないでしょうか？

接触の量が増えるほど好印象を持つようになる心理現象を、心理学では「ザイオンス効果」といいます。

アメリカの心理学者のロバート・ボレスワフ・ザイオンス氏が論文によって発表したので「ザイオンス効果」と呼ばれているようです。

恋愛で「結局はマメな人が勝つ」といわれる、ある種の必勝方程式も、このザイオンス効果からきていることが想像できます。

これは、組織の社員同士の関係性の醸成でも、もちろんいえることです。

皆さんは次のような経験はないでしょうか？

・本当はどうかわからないのに、寡黙な上司が、「怖くて近寄りがたい」と思われている経験――接触の量が少ないため、「関係密度」が高まらない

・これまでひと言もしゃべったことがない人と、たまたまプロジェクトで一緒になり、話しはじめたら、仲良くなったという経験――接触の量が増えたことで、「関係密度」が高くなった

いずれにしろ、接触は関係性を築くうえで、他人から同士になるためにはなくてはならないものであり、**接触の量がゼロで関係性を築くことは難しいものです。**

その一方で、なんでもかんでも、頻繁《ひんぱん》に話しかけさえすればよいのかといえば、そうではありません。

接触の質が大切です。

・忙しいのに、どうでもいいことを話しかけられて、上司だからと無理に相手をした経験――接触の質が悪く、「関係密度」が高まらない

・飲み会が、好きでもないのに「チームの結束を高めるため」という名目で、飲みに連れていかれて、うんざりした経験――接触の質が悪く、「関係密度」が高まらない

これは、実に質の低い接触です。

接触を試みている**本人は、よかれと思ってやっているのでしょうが、質の低い接触がいくら重なっても「関係密度」は低くなっていくだけ**です。

ことによっては、ハラスメントとして訴えられる可能性もあります。

質の低い接触の主な特徴としては、次のようなものがあります。

・接触が自分本位で相手のことを考えていない
・ＴＡＫＥばかりでＧＩＶＥがない

２つを簡単にまとめると、**自己中心的な接触**です。

休日出勤した人に対して「昨日の休日出勤についての報告書、提出しておいて」と言われるのと「昨日の休日出勤どうだった？　本当に助かったよ、ありがとう。代休はとれそう？　調整するから言ってね。昨日のことは、あとで報告書にまとめて提出しておいてくれると助かるよ」と言われるのでは、受け取り方が違うのではないでしょうか。

このように、相手のことを思って、ほんの少しＧＩＶＥするだけで、随分と印象は変わるものです。

目的に合わせて、１つの会話、１つの言葉を付け足すだけでも、相手に、伝わるものが確実に変わっていきます。

また、**質の高い接触をするためには、次の５つのポイント**を頭にいれておくことが大切です。

- **社内にいる人を、他人でもなく、社員でもなく、同士と認める**
- **社内にいる人と、データではなく目的を共有する**
- **社内にいる人と、メールではなく対話をする**
- **社内にいる人に、私も一員だと認めてもらう**
- **社内にいる人と、雑談よりビジョンを語らう**

これらを少し意識するだけで、随分と変わってきます。

「関係密度」の向上を阻害する「心理的な溝」

「関係密度」を高めるためには、接触の量と質が大切だと述べてきましたが、実際に取り組むには、気をつけなければならない大きな2つのポイントがあります。

まずは、社員同士が縮めなければならない距離です。

「役割や階層の距離」「部署間の距離」「個人の心理的な距離」の3つがあります。

続いてはそれぞれの距離が開くことによって、知らない間に発生する「溝」です。

特に溝は、職場風土の改善やあなたのキャリア成長をも阻害するため、慎重に取り除いていく必要があります。

ここでは「３つの距離」に発生する溝について説明していきます。

１つが、「役職や階層の距離」に発生する溝です。

「社長は、こう考えるはず」「部長からこう言われた」といった会話を聞いたり、思ったりしたことはありませんか？

一言でいえば忖度《そんたく》です。

相手に直接真意を聞けば、距離はなくなるのですが、**「偉い人だから」ということで距離は遠くなり、憶測や推測、意見の齟齬が生まれてしまう。**そういったことが職場内ではよく起きているように感じます。

企業の成長とともに、業務の効率化を図るために築いてきた、責任と権限の委譲、さらには専門的知見に立った迅速で適切な判断を行うためのシステムが、職場の「関係密度」を高める際の阻害要因＝溝となっているのです。

一介の社員が、社長や役員といった上位層の人と話すのは簡単ではありません。社長や役員、**役職者が偉ぶっていなくても、心理的な溝が生じているもの**です。「社長室はガラス張りで、常にオープンにしている、どんどん話しかけてほしい」と言っていたとしても、「はい、そうですか」とはなりにくいのが現状です。


続いては、「部署間の距離」に発生する溝です。

支援先企業において、「営業は、なにも考えていない」と企画や製造の人間が言い、営業からは「あいつらろくなものをつくらない、売れるものをつくってほしい」「人事は、現場を知りもしないでのんきなものだ」などという話が聞かれるのは、特別珍しいことではありません。

企業の成長とともに、**業務の効率化を図るために築いてきた、専門性の向上と、専門家の育成、オペレーションの最適化を行うためのシステムが、いつしか職場の「関係密度」を高める際の阻害要因となっている**のです。

本来、同じ会社、同じ商品、サービスを提供する社員のはずなのに、部署が違うとそれぞれの立場に立った話をするため、責任の譲りあいと、成果の奪いあいが発生します。

企業によっては、製造部が、特定の情報を営業に説明しない、開示しないという場面にも遭遇しました。

週一度の会議においても、自分たちの主張のみで、話は平行線です。

私が、「会議室やＷｅｂ会議ではなくお互いの現場で話してみませんか？」と働きかけると、必要性はわかっていても、腰が重く、気乗りしないとの声が聞かれます。

部門間に知らずと広がった心理的な溝は大きなものです。

そして最後は、「個人の心理的距離」に発生する溝です。

松尾芭蕉の「秋深き隣はなにをする人ぞ」の句ではないですが、**「会社員隣はなにをする人ぞ」**といった感じで、近くにいるのに、どんな仕事をしているのかがわからないというケースがよく見受けられます。

「弊社は、フリーアドレス制なので、隣の社員は日々変わります。なにをしているのか知るなんて無理です」とは言わないでください。

この溝は、物理的な話ではなく、社員個々の心の内にある心理的な話です。

少し、話が脱線しますが、本来、フリーアドレスは固定化した社内の関係性をMIXして、創発が起きることを目的としています。

関係性がない状態でフリーアドレス制を導入することで交流が減ったり、互いの理解が減ったりとすることも十分に考えられます。

話を戻すと、個人間の心理的な溝とは、

・いつも忙しそうにしていて、話しかけづらい
・話しかけて、逆に難しいことを言われたら面倒くさい
・そもそも、話しかけなくても仕事では困らない

などがあります。

溝が深まれば深まるほど、「話しかけてつながることの必要性」より、「話しかけなければならないと思うストレス」のウェイトが大きくなります。

するとき関係性は加速度的に疎遠になっていき、社員間の距離は加速度的に広がっていきます。

これには、部下も上司も関係ありません。

ある企業のイノベーション推進室の室長と、社員が自由交流するためのコミュニティを創設するプロジェクトの打ち合わせにおいて次のような話をしました。

「同じ職場の社員であれば、互いがつながるための動機やきっかけも、こじつければなんとでもなります。あとは、溝を『ぴょんと』飛び越えてみるだけです。まずは室長が中心になって、イベントを立ち上げてみてはいかがでしょうか」

答えはこうでした。

「いやぁ、私はそういうタイプではないので……」

このように、**どんな職位にいる人でも、「個人の心理的な溝」はできてしまってます。**

３つの距離によってできる「心理的な溝」は、接触の量や質を弱めるバリアのような役目をしてしまい、関係性を阻む要因となっているのです。

社員同士が縮めなければならない、3つの距離

さて、ここでは、社員同士が縮めなければならない3つの距離について、もう少し詳しく説明していきます。

これまで説明してきた人と人を離反させる3つの距離には、本来「サイロ＝役職や階層の距離」、「スラブ＝部署間の距離」、「バウンダリー＝個人の心理的距離」という名称がついています。

「サイロ＝役職や階層の距離」というのは、もともとは農場にある円筒型の穀物倉庫のこと。上から穀物を入れると、下から流れ落ちる仕組みになっています。

穀物が下から上へ移動することはありません。

組織の**上から下方向へという縦割りの力が強く働き、上司や部下との関係性が分断される状況を表しています。**

組織は縦割りのほうが管理しやすい面もありますが、情報共有や人的交流、企業の創発の面からは、流れを気にせず関係性を築くことがあってもよいはずです。

縦割りの力が強く働き、上司と部下との関係性が分断されている状況を「サイロ」といいます。

「スラブ＝部署間の距離」は、「石板」を意味します。**会社全体で集まることがあっても、部署ごと、事業所ごとにメンバーが固まってしまう**のは、よくみられる光景です。

同じ企業内であっても、所属先がA支店とB支店とに分かれているだけで、まるでそれぞれが石板の上にのって隔てられているかのように、支店を越えた関係性が築きにくくなります。

物理的な距離が、関係性を途絶してしまうというわけです。

そして最後の**「バウンダリー＝個人の心理的距離」**は、境界を意味します。

学歴や成績、職位、年齢、所属部署、所在地など、さまざまな理由から、相手と関係性を築くのを敬遠してしまうことがあります。

そこで生じている心理的な「壁」を意味します。

さらに、**バウンダリーは、サイロやスラブの状況によっても引き起こされます。**

「関係密度」を高めていくには、3つの距離に気をつけながら阻害要因となる溝を取り払うことが必要です。

企業によっては、このサイロ・スラブ・バウンダリーに生じる「心理的な溝」が想像以上に深くなります。

そしてそれらは複合的に絡みあって職場のあちらこちらに存在します。
・駅を降りて、前を歩いているのは後輩だけど……
始業前だから声をかけるのをやめるか
・この案件、先に部長に一言伝えたほうがスムーズに進むだろうけど……
忙しそうだからやめておくか

・新入社員に、今後のためにも、態度のムラに気をつけるように言ったほうがいいけど……
ハラスメントと思われるのも面倒だから言わないでおくか
・顧客から製品の問い合わせが入ったけど……
製造部とかかわると面倒だから欠品でいいか
・顧客から、当社の営業活動が法律に抵触する可能性を指摘されたけど……
余分な仕事を増やすのは面倒だから、放置していいか
・会議で部長が集計した数字が間違っていたけど……
部長とかかわってもろくなことがないからいいか
・外部研修に参加したら、わからないことばかりだったけど……
今のポジションでなにに取り組んでも大して状況は変わらないからいいか

こんな経験ありませんか？　**もし１つでもあったなら、心理的な溝が深く、「関係密度」が低い職場である可能性はかなり高い**といえます。

「関係密度」を高めると、多くの「強み」が手に入る

「関係密度」を高くするためには、接触の量と質を高め、社員が互いに相手との距離を縮めることが重要だと確認してきました。

ここからは、具体的にイメージしやすいよう、「関係密度」が高い職場は、どのような職場なのかについて説明します。

まず、**「関係密度」の高い職場の社員に共通する特徴**をお伝えします。

・企業、社長やほかの社員の考えと自分の考えが共通していると考えている
・社員が互いに相手の部門や役職といった所属を気にしていない
・特別な準備なく、思ったことを素直に話すことができると感じている

・「なぜこの企業なのか」「なぜこの仕事なのか」「なにがしたいのか」を話す機会が多い
・会議などの場で話した内容の正解・不正解の評価を気にする必要がない
・働き続けることで、自身の考えや方向性が明確になることを期待している

これらの「関係密度」の高い職場に共通する6項目は、次の2つを参考にして挙げました。

1つは、企業業績がよく、社員の離職率が低く、さらには外部面談を通じて「関係密度」の高さが確認された企業の社員の声をまとめたものです。
もう1つは、職場風土改善のためにかかわらせていただいた企業のプロジェクトメンバーに尋ねた、「関係密度」が高い職場に対する意見をまとめたものです。

おもしろいことに、すでに「関係密度」の高い職場と、これから「関係密度」の高い職場にしようとしている双方の社員が同じ項目を挙げていました。

次に、「関係密度」の高い職場の社員はなにを得ていると感じているのか、ご紹介します。

これから**職場の「関係密度」を高めていくにあたっての具体的な目的の1つ**としていただけると幸いです。

それでは「関係密度」の高い職場の社員4人（全員仮名）の声です。

1人目は、高知さん。社会人3年目、1年前に転職して入社。店舗での接客・販売業務に就いています。

「仕事は、決して楽ではありません。どちらかというと、大変です。もともと私自身が、積極的に成果をアピールするほうではないので、転職前の企業では日かげでただ日の当たる瞬間を待っているだけでした。今は充実しています。先日、本社の役員から、『店長が、もう支店は高知さん抜きでは考えられないって言っていたよ、あの店長にそこまで言わせるとはスゴイね』と褒められてうれしくなりました」

２人目は谷口さん。入社して15年。５年前からプロジェクトマネージャーとして勤務しています。

「今の会社の給与は、大学の同期と話していても多くもらえているほうですが、スカウトメールが示す年俸は１・２倍とか１・５倍で、年収だけなら転職も考えます。でも、今の企業を出た瞬間に、自分の成長が止まると思います。自分が目指すA上司が社内にいるうちは全力で追いたいです。って、話してすでに2年経ちました。今は、後輩から、自分もそう言われるようになることが目標です」

３人目の山口さんは、入社して12年目。部署異動を経て現在は、サポート業務をしています。

「正直、この会社の制度はボロボロです。人を成長させようとは思ってないですね。ただ、私が働いているチームにはB課長とC主任がいます。この２人の仕事ぶりはスゴイです。先週も私と同期入社の２人のために、研修を開催してくれました。会社の評価には納得できませんが、B課長とC主任のいる職場だから、成果を出そうとがんばれています」

最後に、田中さん。入社して7年間営業、昨年結婚。出産を機に短時間勤務制度を選択して働いています。

「結婚・出産を機に、短時間勤務になりました。今後の働き方についてとても悩みましたが、社長と課長が何回も話を聞いてくれました。結果、今までかかわってきたポジションは後輩に任せて、そのサポート役に回っています。これまでは考えもしませんでしたが、自分にはサポート業務が向いていると今では感じています。短時間勤務制度を選択している間に、ＯＡスキルの向上にも取り組んでいます」

内閣府が令和元年に国民生活の世論調査で**「どのような仕事が理想だと思うか」**についてて聞いたところ、上位の２項目、**「収入が安定している仕事」「自分にとって楽しい仕事」**は、**ともに55％を超えていました。**

さらに、この２項目は２０１７年の調査以降、一貫して最上位なのです。

仕事の理想についての議論はここでは深掘りしませんが、「自分にとって楽しい仕事」が上位にくることに異論を唱える人は、実際の外部面談においていもごく少数派です。「関係密度」を高くすることによって得られるものについては、先の４つの事例からもおわかりだと思いますが、「関係密度」が高くなると得られることのキーワードを集めているので、あらためてその上位をご紹介します。

【「関係密度」が高くなると得られることのキーワードの上位】
課題を乗り越える力・キャリア自律・自己肯定感・自分への期待感・職場の一体感・信頼関係・スキルＵＰ・成長・楽しさ（五十音順）

いかがでしょう。
ここまでの「関係密度」に関する実例を読んだことをきっかけに、皆さんが職場で「やってみよう」と少しでも思っていただければ幸いです。

「関係密度」の低い職場が抱える大きな問題

「関係密度」の低い職場について、あらためて確認しておきましょう。

まず、「関係密度」の低い職場の社員に共通する特徴をお伝えします。

・企業、社長やほかの社員の考えと自分の考え方に違和感を覚える
・社員が互いの部門や役職といった所属に準じた交流を行う
・職場でどうしても自分の考えを話すときには、必要以上の準備をしなければならない
・「なぜこの会社で働くのか」「いつまでこの仕事を続けるのか」と考えるのも嫌
・会議などで不用意な発言をすると、余分な仕事が増えるため、発言する必要はない

・働き続けても将来はない、ましてや自身への期待はしていない

先ほどの「関係密度」の高い企業の社員に共通する特徴とその差は明らかです。

さらに「『関係密度』の低い職場は、社員からなにを奪っているのか」について簡単にお伝えします。

前述したように、上司との「関係密度」が低く、業務の指示が淡白で、結果に対してのかかわりもないと、人が本来持つ「やる気」を奪っていきます。

心理学では有名なゴーレム効果（上司が部下に対して低い期待を示した場合、部下は業績を下げる）もそれを示しています。人が他者から認められたいという欲求をことごとく削っているのです。

また、ここ数年、**社会人に「企業を選ぶ基準」について意見を聞くと、「なにをするかより、誰とするのか」を大切にするとの声が多く聞かれる**ようになりました。

「関係密度」の低い職場が、総じて離職率が高いのも納得です。

半径5メートルの職場風土が、企業風土を変える

企業の担当の方から「社員、1人ひとりの関係性を変えただけで、企業にとってどんなメリットがあるの?」と尋ねられることがあります。

確かに、**社員、1人ひとりの関係性を変えることで、すぐに変わるのは、せいぜい職場風土**です。

まず、職場風土とは、社員1人ひとりの「この会社は○○である」という価値観の集合体であり、最もわかりやすく表現するなら「職場の雰囲気」のことです。

そしてその範囲は、人数としては、5~10人、距離にすれば自分を中心とした半径5メートルほどです。

この職場の風土が変わったところで、範囲は限定的です。

ただ、どうでしょう。**職場風土が変えられないのに、組織風土、ましてや企業風土を変えることはできるのでしょうか。**

特に企業規模が大きくなればなるほど、長年かけて培われてきた企業風土は文化として定着し、数多くの社員や組織と密接にかかわりあいながら根付いています。

それを、一個人がマネジメントで、すぐに変えられるとはとても考えられません。

でも、職場風土を変えることくらいなら、できそうに感じませんか。

そもそも、**人は自分の想像が及ばない大きなことには、実現の可能性を見出せず、失敗回避の選択（言い訳、行動しないなど）をします。**

社員数の多い会社で、全社員に名前を覚えてもらうことは難しいものの、１人の社員に名前を覚えてもらおうとするなら、簡単です。

あいさつをすればよいのです。

風土づくりは、そうしたスモールステップを個人の行動の範囲、個人の影響の及ぶ範囲、個人の想像のつく範囲に対して行うことからはじまります。

企業というものは、組織の集合体であり、その組織はいくつもの職場から成り立っています。それぞれの職場風土が改善されれば組織の改善に、それぞれの組織の風土が改善されれば企業風土の改善に、一歩近づくのです。

日本人医師の中村哲《てつ》氏は、500人もの人と協力しあい気温50度のアフガニスタンの乾いた大地に7年かけて用水路を引くことで、65万人の命を救ったとアフガニスタンの名誉市民に賞されるまで至っています。

最初は1人の医師として不慣れな土木工事を教科書とスコップを手に開拓をはじめています。

中村医師が用水路を引くに至るまでに、どのように職場をつくりあげたのか、次のような話が残っています。

・中村医師が行った診療に、山の民からは一杯のお茶が返礼された。それに対して中

村医師は、笑顔で「ああ、おいしい　ありがとう」と答えた
・中村医師は、用水路の用地確保のために、地元では恐れられている軍隊に赴き、交渉した。それ以降、周囲の人たちから認められるようになった
・中村医師は、国の政権がどうであろうと、どんな状況であっても、アフガニスタンを見捨てないという強い志のもと、取り組みを続けた

ここから学ぶべきことは、次のような、バウンダリー、スラブ、サイロの3つの距離（3つの距離については86ページ参照）を縮める行動をとっている点です。

・相手の返礼の中身や内容に関係なく感謝をつくすこと
・所属に関係なく、考えをしっかりと伝えること
・上下関係に影響されることなく、信念をもって行動すること

「関係密度」には突然、企業が生まれ変わるような即効性はありません。

ですが、中村医師の行動に限らず経験上いえるのは、**1人の「関係密度」に対するマネジメント次第で、職場風土はよい方向へと変えることが可能**だということです。

そして、それは間違いなく、企業風土の変容へ続く道となります。

社員が働いているのは、企業であり組織である前に、職場です。

職場の風土が変わることで、職場の人間関係、日々の労働環境、目に映る景色が変わります。

やる気も高まるため、仕事の能率も高まり、互いにかけあう言葉も変わります。

日々の仕事に影響するのは、企業風土よりも、間違いなく目の前の職場風土なのです。


なかには、企業のために動くつもりはないという方もいらっしゃるでしょう。

しかし、考えてみてください。働くのは企業のためだけではありません。

特に「関係密度」を高めることを意識しながら職場時間を過ごすと、そこから得られるものは「人と人との繋がり＝人間関係」です。

一度、意識的につないだ人間関係は、**意図的に断ち切ることをしなければ、個人の人脈として蓄積されていきます。**

そしてそれは、ある困りごとに直面したときに「何人に相談できるか」としてあなた自身を助けるなど、効力を発揮します。

こうした仕事を通じて蓄積される人脈がソーシャル・キャピタル（ソーシャル・キャピタルについては57ページ参照）なのです。

さらには、人と人の関係は、「相手のための行動」を選択することで太くなるばかりか、もらった相手は、「お返しをしなければならない＝返報性の法則」と感じるため、いずれ相手に与えた行為は返ってきます。

施《ほどこ》せし情は人の為ならず　おのがこゝろの慰めと知れ
我れ人にかけし恵は忘れても　ひとの恩をば長く忘るな

そうです。**ほかの社員への情けは我がため**なのです。

職場の「関係密度」を高めるためには、誰かがしてくれるのを待つのではなく、自分から距離を縮めていくことが基本なのです。

組織を成功に導くには「急がば回れ」

関係性の向上が企業の成功へと導くことを裏づけてくれるのが、「はじめに」でも紹介したマサチューセッツ工科大学組織学習センター共同創始者のダニエル・キム氏が提唱した「成功循環モデル」です。

成功循環モデルでは、組織を「関係」、「思考」、「行動」、「結果」の4つの質でとらえます。

そして、**「関係の質」が高まれば「思考の質」が上がり、「思考の質」が上がれば「行動の質」が高められ、それが「結果の質」、すなわち成功につながる**と考えるのです。

「成功循環モデル」の名のとおり、成功を得ることで「関係の質」はさらに高まり、好循環のサイクルが回り出すのです。

組織の成功循環モデル

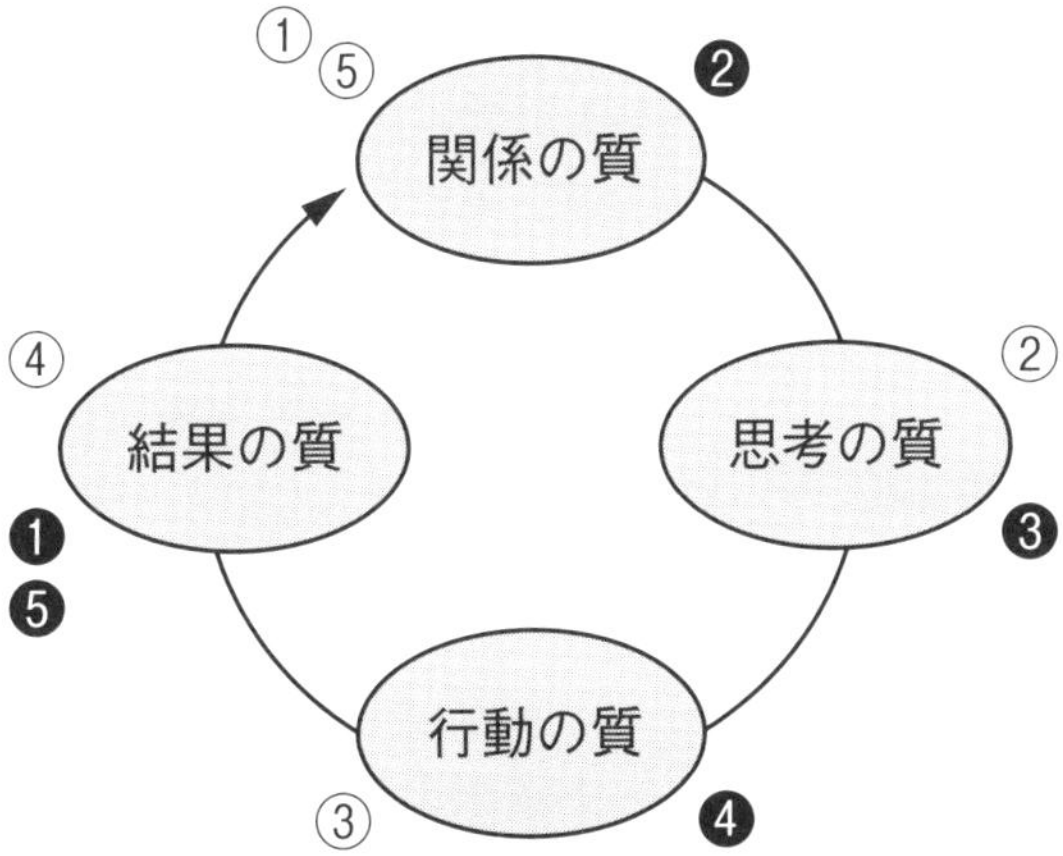

好循環（GOODサイクル）

①互いに尊重しあい、理解がなされている（関係の質）
②お互いを助けあうようになり、気づきやアイデアが共有される（思考の質）
③新たなチャレンジや助けあいが自発的に起きる（行動の質）
④売上や成果が向上する（結果の質）
⑤組織内の信頼関係が高まる（関係の質）

悪循環（BADサイクル）

❶売上や成果が上がらない（結果の質）
❷社員同士の対立や責任のなすりつけあいが起こる（関係の質）
❸目標で管理するのみで、新たなアイデアが生まれない（思考の質）
❹自発的な行動や挑戦がなく、基本的に受け身（行動の質）
❺売上や成果が思うように伸びない（結果の質）

最近、相談として増えているのが、次のようなことです。

・エンゲージメントを高めるためにシステムを導入したが、改善が見られない
・リモートワークを推進させるため社内ネットワークを強化したが利用が進まない
・社員のリスキリングを目的にeラーニングを導入したが利用率が低い
・評価制度をシステム化したが、評価の考えが定着しない

確かに「結果の質」を高めるために、手っ取り早くシステムや制度を導入することも選択肢の1つです。

ただ、社内に関係性づくりの専門家がいてこそのシステムです。「結果の質」を高めるなら、「関係の質」を高めることからはじめる。**生産性や心理的安全性を向上させたいのなら、周囲とのかかわりやコミュニケーションを深めていくことからスタートするべき**なのです。

意外に思われるかもしれませんが、業績を向上させている成長企業には、各部署に、特に人事部には関係性を調整する達人がいます。

この場合の達人とは、次のような人たちです。

・コミュニケーションを自在に使いこなせる
・社内外に広いネットワークを持っている
・心理学や行動心理学、さらには組織論、キャリア論に詳しい
・なにかことが起きると、頭も手も動かすが、なにより対話をする

ただ、このような専任の達人が各部署にいるのは、従業員数千人以上の企業がほとんどです。

では、多くの中小企業はどうしたらよいのか。「結果の質」を高めたいのであれば、手っ取り早くシステムや制度を導入するのではなく、構想や計画の段階から**「関係の質」を高めるため、関係部署や関係社員を集めて、大いに手の内をさらすことからはじめて**ください。

そこでのコミュニケーションは「関係の質」を深める機会となり、行く先の「結果の質」に反映されていきます。

職場風土づくりでご一緒させていただいているある企業は、月1回の定例会議の際に、社会動向に、社内状況として社員の声を添えながら、半年後に控えた評価制度の改定に向けた情報を小出しにして共有・対話を行っています。

半年後の改定の準備としては、少し急ぎ過ぎの感は否めません。

デジタル化とともに、私たちは、クイックレスポンスに慣れすぎていますが、人の成長とは倍々で積み上がっていくものではありません。

実際の日々のコミュニケーションによるプロセスが積み重なることで、成長は見出されるものだと思います。

スピードが尊ばれるビジネスシーンだからこそ、あえて余白を設けて、考える時間をつくることが大切です。

組織を成功に導くためには、関係性の構築からはじまる「急がば回れ」の姿勢が必要とされるのです。

よい職場風土づくりのためのコラム①

関係性が情報を伝えあうためには大切

ある保育園の先生たちに、職場風土づくりのために「相手を思いやることの大切さ」をテーマに、「アサーティブ・コミュニケーション（自分と相手、お互いを尊重しながら本心を伝えあうためのコミュニケーションスキル）」の研修をする機会をいただきました。

例によって、少し早く会場入りさせていただき園を観ていると、当たり前のように「園児と目線を合わせるために、先生が腰を落とす姿」が、私の目に入ってきました。もちろん、２人がなにを話しているのか、会話の内容までは聞こえませんが、その様子から丁寧に情報を交換していることがわかりました。

さて、研修がはじまりました。

すると先生たちからは「忙しくて、先生同士のちょっとした情報の共有ができていない」との話が聞かれました。

先生同士の情報の共有ができていないのは、本当に忙しいからなのか、相手の立場や状況に応じて、子どもと話すときと同じように「腰を落とすこと」ができていないからなのか考えました。

どうも、**私たちは目の前にいるのが大人だと、ちょっとした気配りを欠いてしまうようです。**

誰かのちょっとした気配りで、変わっていくのが職場風土です。

第３章

「関係密度」を高められる人になるために

「関係密度」を高める力
「関係構築力」をチェックする

さて、この章からは、「関係密度」を高めるために、具体的にあなたや企業、組織、チームがどうすればいいのかを説明していきたいと思います。

まずは、**あなた自身がどれだけ、周りの人と質の高い接触ができているか、現時点の能力をはかる診断を用意**しました。

誰しも、自分に対して「○○である」というイメージを持っています。

それは、自己概念ともセルフイメージとも呼ばれるものです。

たとえば、Dさんは、自分のことを「気が小さく、人前で話すことは苦手」だと思っています。

他者から意見を求められると、自信がないため声が小さくなり、さらに緊張することでしどろもどろな発言になります。

さらにはあるとき誰かから「聞こえなかったので、もう一度お願いできますか」と声をかけられたりすると、セルフイメージは「やはり人前で話すことは苦手」だと強化されます。

次第に、周りもDさんに発表をお願いすることが減り、Dさん自身も発表に対して準備することも少なくなります。

そうなると、一層、人前で話すことは苦手になっていきます。

これは**セルフイメージの固着化とも呼ばれ、人が自身のことを「〇〇である」と考えるようになる**一例です。

この固着化は、人が1人でつくりあげるものではなく、属する環境やかかわる他者との間で醸成されていきます。

その内容は変化していくため、「こうしたほうがよい」「これはしてはいけない」と、一概にいえるものではありません。

ですが、あなた自身が「私は○○」というセルフイメージをある程度把握しておくことは、接触の質を高め、職場風土にかかわっていくうえでとても大切なことです。

あらためて説明すると、職場風土には、企業や組織がルールや制度をもとに整えることによって高められる領域と、皆さんが行為の主体として、周りの人間と接触することによって変化する「関係密度」を核にした領域とがあります。

本書でお伝えしているのは後者です。


接触の行為の主体となる皆さんが自身に対して抱いているセルフイメージが実態とかけ離れていたり、過度に小さくまたは大きく歪曲《わいきょく》してとらえていたりすると、スタート地点や取り組む際のルートを間違えることにもなりかねません。

今の**自分のセルフイメージをどれだけ把握しているかを知ることで、質の高い接触ができているのかがわかります。**

本書では1万人からヒアリングした経験をもとに、あなたの接触の質を測定する簡単な診断を用意しました。

名づけて**職場における「関係構築力診断」**です。

「職務挑戦思考」「人間関係思考」「職場へのフォロワーシップ」の3領域、計15問から構成されています。

さっそく次ページのチェックシートに取りかかっていただき、セルフイメージを客観的に確認するきっかけにしてください。

いかがでしたか？　**3領域に各3つ以上のチェックを付けることができれば、あなたが職場において、質の高い接触ができている**と自信を持ってください。

また一方でチェックが少なくても、これは簡易版なので、一喜一憂することなく「職務挑戦思考・人間関係思考・職場へのフォロワーシップ」の3領域の質問項目を意識して行動すれば、接触の質を高めていくことは可能です。

ちなみに、実際にサポートに入らせていただく際には、サーベイ（質問シートなどを用いて、現状を把握するために行う調査）の実施と、その結果に対するフィードバック面談を通じて適切なセルフイメージの確認をより厳密に行っています。

関係構築力診断

自分にあてはまると思うものにチェックを入れてみてください

職務挑戦思考	人間関係思考	職場へのフォロワーシップ
□ 仕事の内容が、変化に富んでいる	□ 職場で慕われ尊敬されている	□ 職場に対して自分ができることを追及している
□ 仕事を通じて、困難な課題に挑戦する	□ 自分の仲間の可能性や能力を知ることができる	□ 職場が気づいていないことに取り組んでいる
□ 仕事を通じて社外の人たちとも広くかかわる	□ 仲間の意見や行動を考えたり理解したりできる	□ 職場に対して影響力を発揮している
□ 仕事を通じて専門的な知識を深める	□ 他者との関係性を通じて自分自身が成長できる	□ 職場からの期待を超える取り組みをしている
□ 仕事を通じて新しいことの創造や発見をする	□ 他者と表面的ではなく心からのつながりを持てる	□ 職場から将来期待されることに取り組んでいる

社長や管理職こそ、いかに自分をさらけだすかが大切

前職の人材サービス会社の営業職や現職のキャリアコーチとして面談してきた1万人以上の人のなかには、部下から「怖い上司」、「ハッキリしない上司」とみられている方がいました。

ところが、実際に「怖い上司」、「ハッキリしない上司」と会ってみると、彼らは決っして怖くも、ハッキリしないわけでもありませんでした。

「怖い上司」や「ハッキリしない上司」は、自分が部下からどのようにみられているのか、どんな印象を与えているのかということに無自覚だったために「人柄の誤解」が起き、部下と十分な関係性が築けていなかったのです。

接触の質を上げるには、「自己理解」「相手への理解」を通じた相互理解が必要です。

ただ、第2章でいう「サイロ＝役職や階層の距離」が遠い場合、人柄の誤解が、さらなる阻害要因となってしまうことで、部下からの接触の量が減り、「関係密度」を高めることが期待できない状態に陥ってしまう可能性があります。

もし、**あなたに部下がいたり、マネジメントする側の人間であったりするならば、あなたから積極的にサイロを縮めていく必要があります。**

自分が入社したての頃を考えても、上の立場の人はなにを考えているのかわからなかったのではないでしょうか？

上司に向かって「なに考えているんですか？」と聞けたでしょうか？

上の立場の人間が積極的に話しかけない限り、サイロを縮めることは不可能です。

だからこそ、今日の気分でもなんでもいい。あなたから積極的に自分のことを話してください。「今日寝不足でちょっと不機嫌にうつるかもしれない」「今日、ちょっと立て込んでいてあまり話できないかもしれない」とあなたの状況を話しておけば、部下の受け取る印象も随分と変わってくるのではないでしょうか。

「欠点宣言」で「愛され上司」になる

特に、あなたの欠点は、積極的に開示することです。

合言葉は「関白宣言ではなく、欠点宣言」。**自分がすごい人のよう、偉い人のように振る舞うのではなく、自分にはこういうダメなところがあるということを話して理解してもらう**のです。

「欠点宣言」を習慣的にできるように身につけることで、もう一段、関係構築力を高めることができます。

これは、職場において立場が上のほうにいる人たちから接触を図るときに、有効な方法です。

欠点宣言。

それは、自分の弱みや失敗談を伝えることです。

完璧で非の打ちどころがないリーダーが、なんでも華麗にやってのけるのもよいでしょう。

ただ、長い職業人生を、そうした姿でまっとうすることができるのは、ごく一握りの人たちです。

ほかの多くの人は、無理に無理を重ねて、なんとかミスを出さないようにしているのが実情だと思います。

かくいう会社員時代の私がそうでした。

大切なことなので繰り返し言いますが、人は誰かと手を取りあうことで、なにかを成し遂げることができます。

そうして、お互いに足りないところを補いあっているのです。

そのためには、自らの足りないところ、至らないところを相手にも知ってもらう必要があります。

漫画やアニメに登場する主人公、ヒーローたちはみんな、唯一無二の力の持ち主です。それなのに、泳げないだとか、しっぽをつかまれると力が出ないだとか、ある意味では普通の人にも劣る、わかりやすい弱点があります。

主人公の仲間たちは、**彼がただ強いばかりでなく、そうした弱さを併せ持っているために、彼を放っておけず、支えようと奮闘する**のです。

これは、職場においても同じことがいえます。

弱みを見せず、自分1人ですべてなんでもできるような顔をしている人には、周囲の人も「自分が余計なことをする必要はない」、「どうぞ、ご勝手に」などと考え、少し距離を取って構え、わざわざ手を差し伸べることはないでしょう。

ところが、「オレは、こういうところがちょっと抜けているんだよなあ。申し訳ないけれど、フォローしてもらえると助かるよ」と言われる。

さらに、それが上司からの言葉であれば、部下は上司を助けようとするはずです。
ただし、部下がその気になるのは、**前提として上司をリスペクトしている場合に限ります。**

つまり、漫画の主人公と同様に、日頃からリスペクトされる存在であると同時に、本人も周囲をリスペクトする関係性を築けているからこそ、欠点もまた「人間味」、ある種の魅力とみなしてもらえるのです。

「関係密度」の観点からは、欠点を隠して強がる「関白宣言」よりも、欠点を公開して支えてもらう「欠点宣言」をしたほうが、周囲から愛され、支えられる存在になります。

そして、「欠点宣言」をすることで、あなたへの理解は深まります。
その人のことをよく知っている人と、知らない人、どちらの言葉のほうが、心に刺さるかは、火をみるよりも明らかです。
つまり「欠点宣言」は、質の高い接触にもつながっていくのです。

「キャリア観」は「関係密度」を高めるための必需品

まず次の1on1面談におけるやり取りを読んでください。
Eは、入社2年目の若手社員です。FはEの直属の上司です。
F「今日は、相談したいことがあるって、なんだったかな」
E「はい、この会社では続けていく自信がないんです」
F「自信がない、だけど目標も達成しているし、評価も高いよ」
E「そうです、仕事には問題がないです。順調だと思っています」
F「だったら、大丈夫だよ。取り越し苦労だな。なにか、不満があるのか。嫌なことがあるのかな」
E「いや、そうじゃないんです」

F「だったら、なんだろう。僕から見るとなにも問題ないよ」

いかがでしたか？
この1on1面談において上司Fは「問題ない」と結論を出しています。
はたして部下Eは自身の「相談したいこと」を解決できたのでしょうか。

昔から、上司がかかわらなくてはならない部下の課題には、対象が明確で、**どんどん解決していく「物理的課題」と対象は抽象的で、解決が難しいのでゆっくりと適応していくしかない「適応課題」との2つ**があります。

先の事例も、上司Fが向き合わなければならい部下Eの課題は、キャリアに関する適応課題です。
それに気づいていない上司Fは、物理的課題に向かうがごとく、猛烈に解決しようとしています。

上司の不用意な「問題ないよ、順調だよ」というかけ声、根拠のない「がんばれば大丈夫」という励まし、無責任な「辞める必要ない」という結論。これらは、適応課題の代表格であるキャリアの問題にはことごとく通用しません。

近年では適応課題に関する悩みが増えてきたため、従来からの面談のほかに、実施のタイミングを細かくした1on1面談の必要性が高まっています。

上司には、このような面談で、キャリア観をしっかり持ったうえで、部下と向きあってほしいのです。

キャリア観とは「どう働くか？　なんのために働くか？　どのような人生を送りたいか」という質問への答えであり、「人には解決できない、割り切れない側面がある」という考え方を持つことです。

職場の人と人のかかわりによって、関係密度は高くも低くもなります。

人の課題の1つである適応課題にキャリアの問題がある以上、**キャリア観を持っていない人**は、先の例にあげた1on1面談のように**「関係密度」を高められなくなってしまうのです。**

キャリアの悩みを上司が間違って物理的課題として取り扱い、解決しようとすればするほど、複雑にこじれていきます。

解決できない、割り切れない側面があることを知ったうえで、結論を急がずに、かかわってみてください。

そして、いざというときにキャリア観をもって部下とかかわるためにもキャリアについて理解しておく必要があります。

キャリアとは人が「産まれてから死ぬまでの期間を通じて成すこと」を示す言葉です。

そこには、働く時間も、休みの日に自由に振る舞う時間も、さらには家族や大切な人と過ごす時間も含まれています。

さらに人は、オリジナルでユニークな存在である自身のキャリアを意味があるものだと考えます。

人生１００年時代に入り、「自身が何者であるか」を考える時間が長くなった今、自身のキャリア成長に、自らが覚悟と責任を持ち、舵取りしていくことによって、**自分らしいキャリアを描くための思考法の重要性が高まっているのです。**

そうしたなかで、皆さまには次の３つの視点を持つことをおすすめします。

①人生を通じてどんなキャリアを歩みたいか、理想的な働き方はなにか
②これまでを振り返って生かせること、できることはなにか
③実現に向けて取り組むことはなにか

よい職場風土づくりに取り組む者として、自らに対してはもちろん、部下や同僚とかかわるときにも大切にしてください。

定期検診で「キャリア近視」「キャリア遠視」「キャリア乱視」を防ぐ

続いては、誰もが陥りやすいキャリアにおけるエラーを確認しましょう。

自分のキャリアを考えることは、未来がよく見えない若手社員だけでなく、なんとなくの未来が見えてきている中堅社員にもシニア社員にも必要なことです。

ふと気がつくと「キャリア近視」「キャリア遠視」と「キャリア乱視」という症状に陥っていることもありますので、注意が必要です。

まずは「キャリア近視」から説明していきます。

入社して3年、5年と経って、社内で責任がある仕事や役割を任される機会が徐々に増えてくると、**目の前の仕事に夢中になったり、忙殺されたりして、将来に向けてのキャリアプランを描くことをどうしても後回しにしてしまいがち**です。

このように、**今の仕事、キャリアに集中するあまり、自分の将来的なキャリアの形成やその先の目標のビジョンが見えていないのが「キャリア近視」**といえる状態です。

次に「キャリア遠視」についてです。

一方で、一定期間同じ業務を担当することで、精神的にも時間的にもいくらか余裕が出てくると、周りの独立したり、転職したりする人が気になりはじめます。

すると、自分のキャリアが、他者に比べて充実していないように見えてきます。

そして、「どうせ、オレなんて……」と自分を卑下したり、「そろそろ自分も独立すべきなんじゃないか?」と、明確な理由もなく、焦燥《しょうそう》に駆られたりするのです。

見えるのは遠くばかりで、今自分が手にしているものや、やるべきことなど、近くにあるものにはピントが合っていない「キャリア遠視」といえる状態です。

最後に「キャリア乱視」についてです。

「キャリア乱視」になると、社内で成果を出して昇進する同僚をやっかむ一方で、学生時代の友人には「来年は独立する」とうそぶいてみたり、意味もなく資格の取得に励んでみたりなどムダな言動をとってしまいます。

自分軸がないため、その都度、外部のことに気を取られキャリアの焦点が定まらないのが「キャリア乱視」の状態です。

これらを避けるためには、定期的に今の自分を分析する機会を持ちましょう。

そうすることで、企業や組織、職場における自らの立ち位置と、他者との関係を築くうえでの自身の思考を再確認することができます。

こうした取り組みは、第2章で説明したバウンダリーの距離を縮めることにもつながります。

ミスをしたときこそ「関係構築力」を発揮する

職場で起きるミスの大小で、上司の関係構築力がどの程度発揮されているかがわかります。

そもそも、職場では他人同士が、抽象的な概念をコミュニケーションという精度の低い道具を用いて仕事に向かっています。

さらに、第2章の「関係密度」を説明するときに確認をした、サイロ・スラブ・バウンダリーといった3つの距離に発生する「心理的な溝」が原因となって、失敗は、起こるべくして起こります。

それを端的に示しているのが、ハインリッヒの法則です。

ハインリッヒの法則は、労働災害における経験則の1つで、**1件の重大事故の背後には重大事故に至らなかった29件の軽微な事故が、さらにその背後には事故寸前だった300件の異常が隠れている**ことを明らかにしています。

1件の重大事故は、300件のヒヤリハット（予想外の出来事にヒヤリとしたり、ミスで事故を起こしそうになってハッとしたりすること）を1件1件解消していくことで発生を防ぐことができるというわけです。

そして、ヒヤリハットの原因の多くは、抽象的なコミュニケーションを背景としたヒューマンエラーが原因があるとされています。

職場のヒューマンエラーは「関係密度」を高めることで解消に向かいます。

とすると、部下のミスが増えているのであれば、上司は**接触の量と質をもとにした「関係密度」を高めることに注力すればよい**のです。

あいさつこそ、心理的な距離を縮める最強のツール

私たちは、離れている人とは、関係性を築くことはできません。

ここでいう、離れているとは「物理的な距離」と「心理的な距離」の両面です。

職場の「関係密度」を高めるためには、距離を縮め、信頼しあうことが欠かせません。

ここで**考えなければならないのは、信頼しあう関係を築くことの必要性**です。

時に、「職場とはお金を稼ぐ場所であり、報酬さえもらえればそれでいい」と言い切る強固な人と、面談の機会をいただくことがあります。

私自身が過干渉なタイプではないので、深くはかかわりませんが、興味があって次

のような質問をします。

「報酬さえと言うのであれば、1円にもならない人間関係は面倒ですよね」

「報酬さえもらえるように、常に1人で過ごせる道を模索していますか」

「あなたは、最終的に報酬さえ得られれば、ほかの社員がどうなってもいいのですか」

「今日も、お金にならない時間が面倒なら、終始黙っていることも、欠席することもできるはずですが、あなたはずっと話されています。なぜですか」


すると、うまくいかなかった過去の人間関係に限界を感じて、いつしかお金を中心に物事を考えるようになったと内心を打ち明けることがあります。

もちろん、例外はありますが、**強固なタイプの人であっても、自分が1人でなにかを成せるわけではないと知っていて、心の底では信頼のある関係性が必要だと感じているのです。**

そして、信頼のある関係性を築くためには、これまで述べてきたように、接触の量と質が大切になります。

この量と質を満たし、なおかつ非常に簡単に実行できるのがあいさつです。

あいさつは、関係性が築けていなかったり、深められていなかったりする相手にも関係なく、毎日、くり返し、気軽に声をかけられる絶好の接触機会です。

あまりにも上の立場の人に対しては、あいさつしてよいものかどうか迷うかもしれませんが、きちんと聞こえる声で、礼儀正しく行えば、プラスのイメージになります。

そのため、**サイロやスラブ、バウンダリーといったものが生み出す「心理的な溝」もあまり気にせず、どんどん接触してください。**

あいさつは、心理的な距離を縮めるために人が生み出した最強のツールなのです。

あいさつの3段活用を意識する

あいさつを単に儀礼的で形式的なもので終わらせず、さらに接触の質を高めるために、次の3つの段階を意識して、あいさつにプラスアルファ付け加えてはいかがでしょうか。

具体的な例を次に挙げてみました。

段階を上げていくことで、互いの関係をつなぐ信頼のフックの大きさが格段に変わっていくのが、実感できると思います。

・儀礼的で形式的な段階

「おはようございます」、「お疲れさまでした」

・相互を一人称で認めていることを伝える段階

「○○さん、おはようございます」

・相手の行動に対して認めていることを伝える段階

「○○さん、おはようございます。昨日は、□の件で残業お疲れさまでした。助かりました」

・相手の変化に対して認めていることを伝える段階

「○○さん、おはようございます。昨日は、□の件で残業お疲れさまでした。助かりました。△の資料少し見たけど、理想的だよ。おかげでD社への提案に早く入れるよ」

いかがでしょう。ここにお伝えした会話を中心としたバーバルコミュニケーションに、次の項で紹介する表情やしぐさという言語を使わないノンバーバルコミュニケーションを加えると、さらに質は高まります。

他人の印象や評価は、3回会うまでに決定する

「印象や評価は、初対面から3回で決定しほぼ固定化される」というスリーセットの法則をご存じでしょうか。

これは、「関係密度」において決して外すことができない考え方です。

これまでお伝えしてきた点に、注意を払って取り組んでも、周りからの印象が固定化されてしまっていると、3つの距離「サイロ＝役職や階層の距離」、「スラブ＝部署間の距離」、「バウンダリー＝個人の心理的距離」は思った以上に縮まりません。

では、**他者への印象に影響を与えるのはなにかといえば、それは「表情・話し方・身だしなみ」の3点**です。

まず、身だしなみについては、相手からどのように見られたいのかを意識すること

で変えることができるでしょう。

表情と話し方については、ソーシャルスキルに関するトレーニングの一例でご紹介します。

1. 表情のトレーニング

ここにラッセル感情モデルと呼ばれる、人の情動を分類したモデルから感情表現として中核となる8つを抜き出しました。

それぞれを順に頭に思い浮かべながら鏡に向かって表情をつくってみてください。

①元気、②幸せ、③満足、④落ち着いた、⑤疲れ、⑥哀しみ、⑦心配、⑧緊張

いかがでしたか？　自分でも明確にその違いがわかるほど、「自由に表現できた表情」がある一方で、違いがわからなくなり「自由には表現できなかった表情」があったのではないでしょうか。

このなかでも**特に「幸福や満足」を示す表情が乏しいと、他者からの印象は、自分が思っている以上に、平淡に見られているという結果**が知られています。

2. 話し方のトレーニング

話し方のトレーニングはいくつもありますが、私が日頃ソーシャルトレーニングで行っている内容を一部抜粋して紹介します。

私たちは日頃、他者と話す際、「言葉という道具」を、特段意識することなく使っています。

ただ、話すとは本来、少なくとも次の4つの行動によって構成された複雑なプログラムなのです。

①自分が話す言葉を選び出す
②自分の話す言葉の順を決める
③「、」「。」のように間を持つ
④言葉を送り出す速さを調整する

では、ここからトレーニングです。

取り組んでいただきたいのは、誰が相手でもかまいませんので、①②を意識して日常会話をすることです。

取り組んでみていかがだったでしょう。

会話において「言葉という道具」を、意識しながら使うことができましたか？

できた方は、相手との会話において日頃から、言葉を道具として使い関係性を構築している傾向があります。

一方、できなかった方は言葉を生かした関係性の構築は上手くいっていないとともに、**他者から自分が思っている以上に、「内心なにを考えているかわからない」という印象を持たれている可能性があります。**

この**表情と話し方は、ファーストインプレッションに影響を与えるいくつかの要素の中核**です。

表情と話し方を使いこなせるようになると、固定化される「印象や評価」をコントロールすることも可能になります。

そして最終的に「関係密度」を自己の能力として何不自由なく自在に調整・発揮することが可能になります。

ハラスメント法が施行された今もなお、毎日どこかの職場でハラスメントに端を発する「やる気」の低下が起こっています。

「なぜ、やってないんだ」
「いつになったらできる」
「お前はダメだな」

と言葉だけつづると、ハラスメント認定へまっしぐらです。

ただ、ハラスメントの行為者が発する「そのつもりはなかった、指導のつもりだった」という言葉は単なる言い逃れとして片付けられるものなのでしょうか。

もちろん、認定されたからには言い訳の余地はありません。

しかし、その入り口で**固定化される「印象や評価」をハラスメントの行為者がコントロールできていて、「そのつもり＝指導」として表現できていたとしたら、結末も変わった**可能性があります。

「やる気」をなくしていく職場も、決してやる気を削ぐことを目的にしているわけではありません。

「他者に影響を与えるとはなにか」、「働きやすい企業、組織や職場がなにから構成されているのか」「そのために自身になにができるか」「働きやすい職場が自身にどんな恩恵をもたらすのか」への理解や知識が浅いだけのように感じます。

そもそも、すべての人は自己の幸福を実現するために行動しています。

自己を不幸にするために行動することはありません。

だからこそ、印象や評価に大きな影響を与えるファーストインプレッション、そしてそこから3回目の接触までは、相手の誤解を招く言動はできるだけ避け、自分の思いや考えがしっかり伝わる表現を心がけてください。

よい職場風土づくりのためのコラム②

「なんで自分から聞きにこないの」と愚痴る上司が忘れていること

新入社員に対する入社半年後の**職場定着研修を開催するにあたり、外部面談を行うと「上司に報・連・相ができない」ことへの悩みが最も多く相談されます。**

新入社員が職場に根を張れず「関係密度」が低い状態で、上司に声がけすることの難しさがここに表れています。

一方、役職者管理者からは、新入社員研修に対して「しっかりと報・連・相を行うことを伝えてほしい」「わからないことは、聞いてほしいです」という声が聞かれます。

ある程度の経験を重ねて肝が据わってきても、関係性の薄い他者にわからないことを聞くのは難しいものです。

管理職研修において「質問はありませんか」と会場に投げても手が挙がることは稀《まれ》

で、感じている疑問を隣同士で解消している場面をよく見かけます。

「聞くこと」の難しさは、みんなよくわかっているはずです。

嘆くよりも**「どこまでやった？」「なにか困っていることある？」「一緒に状況を見直してみないか」などと、部下が「報・連・相」をできる場面設定を、上司の側からすること**が大切ではないでしょうか。

結果として、それはサイロやバウンダリーの距離を縮め、新入社員の定着にもつながります。

よい職場風土づくりのためのコラム③
作業を渡すか、業務を頼むかの違い

上司が部下に、仕事の依頼をすることは珍しいことではありません。

ただ、明確な意図のある「業務」として頼んでいるケースはとても珍しいことです。
多くの職場では、「○○の件を頼むね」と仕事を依頼していますが、その仕事は**「なぜ」彼に依頼するのかが考えられていない、上司が自身からあふれた仕事を流した「作業」が多い**ように感じられます。

部下から「なぜ、私にこの仕事を任せたのですか」と質問をされても答えを持ちあわせていないのです。

一方、期末になると「今期1年の取り組みからなにが得られた？　来期のビジョンを話してくれないか」と部下に問う。この矛盾にお気づきでしょうか。

作業の先にビジョンはないのです。

部下に「業務」として依頼するためには、上司自身が部下からの説明を求められなくても**「なぜ」それを依頼するのか、少なくとも次の3つを考えておく**必要があります。

・部下の視点に立った意義や意味、目的
・上司の視点に立った意義や意味、期待
・企業や組織の視点に立った意義や意味、期待

これらが背景にあると、業務を頼む際の言葉遣いも自然と変わってくるものです。

よい職場風土づくりのためのコラム④
「聴く」と、「持論を述べる」どちらが得？

よい職場の個人が、よい結果を残せるのはなぜなのかを確認しましょう。

まず、仕事を通じ投じた時間から、常に自分史上最大の成果を残すためにはテコが必要です。テコの原理のテコです。

意外に感じるかも知れませんが、この場合のテコとは「情報」です。

それも、社内に流通する前の個人が持っている情報です。

私が知る限り、仕事で成果を残すなど、得をしているビジネスパーソンは、あらゆる部門のあらゆる立場の社員と関係密度を高めることで、今、自分に必要な情報を得て、その情報をテコとしてあらゆる面に生かしています。

では、どのようにしたらそうした情報が手に入るのでしょうか。

まずは「聴く」のか、それとも「持論を述べる」のか。

そうです。

得する人は、関係性を築いた相手から、情報を聴いているのです。

職場は個性と可能性のるつぼです。

持論で相手を説得するのか、それとも、相手から情報を聴き、テコとして生かすのか。この違いがよい結果、さらにはよいキャリアにも影響しているのです。

第4章

社員のやる気を一気に奪う、間違った職場づくり

人材確保を「運任せ」の採用に頼っている

これまでは、「関係密度」を高めるために組織や個人でできることを述べてきました。ここからは、逆に、「関係密度」を低くする職場づくりの例をいくつか挙げていきたいと思います。

あなたの勤務先ではこのような職場づくりをしていないか、チェックしてみてください。

多くの企業の職場風土の改善にかかわるなかで、時折「職場の関係性」については取り組みを行わず、**相性・マッチングという労働市場任せの「運に期待した、いい人採用」**を行っている企業とご一緒させていただくことがあります。

そうした企業では、決まって社員から「離職や欠員の要因を解消しないまま、いい社員を募集して補っても、無理がある」との声が聞かれます。

その声が示すように、それは穴の開いたバケツに水を汲み入れているような状況です。

これでは、採用の都度、同じ教育をするほうも、採用された側もどちらもモチベーションが下がるのは明らかです。

要するに、**問題の本質と解決の方法を取り違えている**のだといえます。

たとえ、募集の文言や面接の仕組みを工夫しても、市場の賃金相場に合わせて改定をしても、相性・マッチングに期待した「いい人採用」はいずれ限界がきます。

採用の工夫で、その人がモチベーション高く働けることまでコントロールするのは相当に難しいのではないでしょうか。

そうした企業では、仮にこの採用難の時代に、運よく採用できた社員が不本意にも辞めてしまった場合、「面接で、人のすべてはわからないから」とか「やっぱり最後は、合う、合わないがある」と考えてしまいます。

ときには「辞めるべき人が、早めに辞めてくれたほうがズルズルひっぱられるよりよかった」と、背景にある問題の本質から目をそらせることになるのです。

そして、次こそは「我慢強い人」「不満があっても離職せず細く長く働く人」「表面的には満足を口にする人」を採用すると息巻く……。


これでは結局、「入社とともに会社の都合を理解して忖度し染まってくれる」自分たちの**職場にとって都合のいい人材に当たるまで、永遠と採用を続ける。いうなれば「部下ガチャ」を回し続けている企業になってしまうでしょう。**


では、どうするのがよいか確認していきます。

よい採用を目指して「入り口を整えること」はもちろん大切ですが、より重要なのは、入社した以降の職場環境です。

ご存じの方も多いと思いますが、厚生労働省の「令和3年雇用動向調査結果の概要」からも、さらに同じ調査結果を、過去10年以上遡《さかのぼ》ってみても、離職理由のTOP3に「職場の人間関係」がランクインしています。

この結果は、上司や先輩・同僚の何気ない一言でやる気をなくした経験があれば、容易に想像できるはずです。

さらに学生の頃は、やる気に満ちあふれていた若手が、入社して少しずつ覇気を失っていくように見えるのは気のせいでしょうか。

必要なのは、入社後の「関係性」を構築しやすい職場環境を整えることなのです。

2060年の生産年齢人口は現在の6割まで減る

皆さんは、2060年の悲観モデルをご存じでしょうか?

国立社会保障・人口問題研究所が発表した「日本の将来推計人口」によれば、未婚化や晩婚化、子育て費用の負担増加などで少子化がさらに進み、２０６０年の日本の人口は現在のおよそ７割の約８６７４万人まで減ると推測されています。

しかも、そのうち26・９％を75歳以上の高齢者が占め、**15～64歳までの生産年齢人口は、今よりも４割以上も少ない約４４１８万人となる**ことが見込まれているのです。

最近では潜在的な労働力である女性や高齢者の就労率が上昇しつつあるおかげで、２０２３年まで労働力人口は増えると考えられています。

しかし、そこから先は、女性や高齢者の就労率の上昇だけでは手当てが追いつかなくなり、労働力人口はどんどん減っていきます。

帝国データバンクの調査によると、**人手不足を感じている企業の割合が50・１％**にのぼっています。

人口減少を背景とした人手不足は、企業にとっては死活問題です。

今後、一層デジタル化が進展することで業務の効率化が進み、労働集約的な事業は転換機を迎え、社員を量で抱える考え方が変わることも予想されます。ただ、そうであっても、社員数ゼロで事業運営するケースを除けば、必ず誰かが手を動かすことが必要です。

売上や利益がいくら上がっていても、社員が目の前の仕事を完遂するという気持ちを持ち続けられなければ、顧客からの依頼に応えることができなくなります。

ある経営者の「私が経営者として一番恐れるのは、１人の顧客に嫌われることよりも、１人の社員に嫌われることである。なぜなら、私が顧客の期待を１人で満たすことはできないのだから」という言葉が耳に鮮明に残っています。

つまり、**企業がこの先何十年も生き残っていくためには、社員を確保するとともに、やる気が高まるような職場環境を整備することが求められているの**です。

制度や仕組みで、「静かなる退職者」を隠す

「クワイエット・クイティ～静かなる退職者」という言葉をご存じでしょうか。

実際に退職をするわけではなく、企業内にはい続けるものの、「やる気をもって一生懸命に働くという姿勢から退いている」人たちのことです。

もう少し具体的にいうと、仕事には意義や目的を見出さず、時間外に働くことはもとより、依頼された最小限の業務範囲を超えて働くことを拒む姿勢をもつ人たちのことです。

ウォールストリートジャーナルでこのような事象が取り上げられると、多くのビジネスパーソンの関心を集めさまざまな議論へと発展し、あっという間に日本でも知られるようになりました。

そうした「静かな退職者」に対するリスクは少なくありません。

まずは、**１年の１／４近くの時間を「後ろ向きな気持ちで過ごすこと」に対する、個人のリスク**です。

多くのキャリア理論では、「時間を投じて成せることは、その時間をどのような気持ちで過ごすのか」と正比例していることを示唆しています。

後ろ向きで、つまらない思いで過ごした時間が積み上がっていくほど、キャリア、そして将来は、個人の理想とはかけ離れたものとなるのです。

もう一方は、組織の視点です。

「正常なチームはかけ算である」という考え方があります。

これは、社員個々が前向きに取り組むことで、１人あたりのパフォーマンスが２にも３にも５にもなり、その集合体である組織の成果が予想を大幅に上回るものになるということです。

その一方で私たちの組織においても、誰か1人が**「静かなる退職者」**であったとす**れば、かけ算の結果はゼロ、時にはマイナスになるのではないでしょうか。**

これからの仕事への期待を胸に、「いずれは○○にかかわりたい」と、やる気に満ちあふれて入社したのに、月日が流れるなかでやる気はすっかり薄れ、気づけば日々を悶々と過ごし、夕日を見ながら訪れる明日を思って、憂鬱《ゆううつ》になる。

出勤初日のお昼どきに、「なんで、この会社を選んだの？　うち、未来ないよ。斜陽産業だから」「うちの会社、社長と部長がバカだから」などとの会社批判を聞かされる。

仕事の引き継ぎを受けている際、「これまでやってきたことは忘れて、私の言うやり方でやってね」「いろいろ挑戦したい気持ちはわかるけど、私のラインは越えないようにね」と念を押される。

これは、私が実際に企業から依頼された、離職前面談を通じて対象となる社員から確認したコメントの一部です。

本当に問題なのは、「静かなる退職者」ではありません。

私が見てきた限り、「辞めようと思って入社する人」や、「ほかの社員や部署の邪魔をするために入社する人」、「『静かなる退職者』となることを目指して、自らの将来の灯りを消すために入社する人」はいません。

配属されたあと、職場の人間関係の問題によって、意欲を失い、「静かなる退職者」に追いやられてしまっているのです。

「やる気をなくす瞬間」は、職場（仕事をする場）のそこかしこに転がっています。

そうした**「やる気をなくす瞬間」は、制度や仕組みを導入することで、覆い隠され見えづらくなっていきます。**

それは、多くの社員が互いに気づけなくなる状態をより一層つくり出し、いつしか職場が「静かなる退職者」を生み出す製造装置になっているとも言い換えられます。

気づかないからこそ、「やる気をなくす瞬間」が幾重にも複層的に折り重なり、それがいつしか、「当社は働きづらい」などという決っして誇れないネガティブな文化を形成するに至るのです。

新しい組織論に手当たり次第、飛びつく

皆さんは、「ティール組織」という言葉を覚えていますか？

意思決定に関する権限と責任をすべてのメンバーに与え、そのメンバー1人ひとりが自ら目標や動機を設定して組織を運営する、いわば究極の自律自走型の組織を目指すというものです。

職位のヒエラルキーを廃し、メンバーが対等でフラットな関係を築きながら社会に貢献し、企業の価値を高めていくという、ある意味では組織の理想形の1つだといってもよいでしょう。

その手順や考え方は、よりシンプルに簡略化され、組織開発の手法として多方面で用いられました。

しかし5年近くたった今、ティール組織はどれぐらい浸透しているでしょうか。

私の知る限り、**それに近い形で運営されている企業、組織はごく一部**です。

ティール組織の考え方自体がダメだったのかといえばそうではありません。

決して理論が破綻しているわけではなく、シンプルに**簡略化され誰でも使えるようになる過程で汎用品化された組織論を活用しようとすると、ティールであっても、アメーバであっても、どちらも違いがなくなっている**ように感じます。


そもそも、「組織の成立」を、チェスター・バーナード氏の唱えた理論をもとに考えると、「貢献意欲／組織のビジョン達成に貢献したい意欲」、「共通の目的／組織と社員に共通する目的」、「コミュニケーション／組織の諸情報を共有」の3つの要素が必要とされています。

ということは、現組織に、この3つが成立していなければ、それは「組織ではない」ことになります。

組織論を持ち込んでも、その先が組織でなければ機能しない。意味がないのです。

「組織の成立」は、間違いなく、一朝一夕では行えません。時間をかけて、じっくりと取り組まなくてはならないのです。

グローバル化やデジタル化の影響もあり、世の中は目まぐるしく変化しています。その流れに合わせるかのように、**ビジネスキーワードもコンベアに乗せられてどんどん多産されています。**

そして「前回は、あまり効果がみられなかった、次こそは……」「時代の流れに遅れてはならない」と、「組織がなんなのか」を考えることなしにトレンドを追ってしまうのです。

本来やるべきことである「組織の成立」に取り組む前に、オーバーフローとなり、肝心なときに身動きがとれなくなることがないようにしなければなりません。

バズワードに踊らされ、実体が伴わない

新聞の一面を飾るような「エンゲージメントを高める」、「これからは、自律自走型の組織を目指す」などという言葉を職場で部下に訴えても、右から左へと受け流されます。

その理由は明白です。

部下からしてみると、その**言葉の示すものが、日常の景色を好転させるような実効性があるものだと感じられていない**からです。

「またいろいろ言っているけど、別になにも変わらないでしょ」ということです。

とある企業では、「中村さん、私は期待していないんですよ。なぜなら、我が社では12カ月ルールってものがあり、どんなプロジェクトでも長くとも12カ月我慢すれば、自然消滅するんです」と、自信ありげに話してくれた管理職がいました。

人事部が従業員エンゲージメントの向上を励行しても、現場の部署では、多少1on1のミーティングが増えただけで、日々やっていることは変わらない。それどころか、余分な仕事が増えることに伴う拒否感のほうが強いと思います。

このように、**長く組織の理想と働く現場の現実とのギャップを知る人たちにとっては、従業員エンゲージメントもパーパスも単なるお題目にすぎず、真剣に向きあう気が起こらない**のです。

組織を変えようとして、結局なにも変わらないことが「社員がやる気をなくす瞬間」をつくってしまっているのです。

しかし、そうした過去からの延長線上にある目の前の現状に嘆いているほど、企業に残された時間は長くありません。

これまでの経験から断言できるのは、いつか反転させる必要があるのなら、それはできるだけ早いほうがいいということです。

それと同時に、単にお題目を唱えるばかりでなく、当事者としてかかわってこそ価値を生み出せます。

自身を含め、そこにかかわる人のことを考え、最新の理論や用語に血を通わせることを目指す。

そのためには、どうしても社員の「やる気」を引き上げ、興味を持って取り組んでもらわなければならず、**社員同士の関係性が良好であることが、必要条件になる**のです。

「How」＜「Why」

あらためて巷《ちまた》では、汎用品化された組織論同様に、経営や仕事に関するHow＝「方法・手段」に、事欠きません。

つまり、どうやってするのかといった情報であふれています。

しかし、**組織が、方法・手段を選択するには、根底に、Why＝「目的」がなければならない**のです。

ビジネス、企業経営における最近のバズワードである、人的資本経営、パーパス、心理的安全性、エンゲージメント……もすべてＨｏｗの状態で届きます。

もちろん、いずれも組織にとって重要であることは間違いありませんが、それらを取り入れようとする前に「Ｗｈｙ／なぜそれに取り組むのか」を整理しておく必要があります。

これは、先にお伝えした、「組織の成立」における「貢献意欲」や、「共通の目的」と関連しています。

そして、Ｗｈｙを考える際に大切なことがあります。

それが、職場の関係性をよくすることです。

決して、代表や役職者の独断で選択することではありません。

単純な話です。

リーダー、管理職が決めたＨｏｗについて、「今日から○○に取り組みましょう」と舵を切ったときに、それを実行するのは誰でしょうか。

組織とは、１人では成し遂げられない大きなことに取り組むためにあります。
そして、その構成員は、職場の社員です。

新たなことに取り組んだり、これまでとは異なる考え方を導入したり、なんらかの変化を加えるわけですから、社員たちのやる気が欠かせません。

人には、**「知らないことや経験したことがないことを受け入れたくない」**現状維持バイアスがあります。

それを越えて、社員が主体的にＨｏｗを組み入れるには、粘り強い、密なコミュニケーションとともにＷｈｙを共有する過程が必要になります。

組織の変革の機会を間違っても「やる気がなくなる瞬間」にしてはいけません。

このようにＨｏｗに取り組むことをきっかけに、Ｗｈｙを共有するための「コミュニケーション／組織の諸情報を共有」を図り、組織を成立させる機会をつくりだしていくことが、代表や管理職には求められます。

関係がぎくしゃくした職場で、「心理的安全性」を叫ぶ

組織の生産性と社員の関係性の脈絡で、最近では「心理的安全性」という言葉がごく当たり前のように用いられています。

意味としては「組織のメンバーの誰もが、非難される不安を感じることなく、自分の考えや気持ちを発言や行動に移せる状態」を表しています。

ただ、最近では、あまりにも**概念的に用いられ、「誰にとっての、なんなのか」、疑問に感じる場面が少なくありません。**

ある企業で、「心理的安全性」が大切だと口にしていた役員がハラスメントで訴えられました。

その役員は、口頭注意を受けただけで、そのまま続投。被行為者は、部署異動の

末、離職することとなりました。

その会社の外部面談で多くの社員が「職場がぎくしゃくしている」と話してくれました。

その件を企業内で口にすることはご法度なのだそうです。

後日、その企業の経営会議に参加した際には「より一層、心理的安全性を高めて、部署間交流を図り、情報の共有と生産性向上に取り組んでいく」と、代表が発言しました。どうにも腑に落ちず、外部面談の担当者に「御社の心理的安全とはどこにあるのか」と尋ねましたが、深い意味はないと答えるだけでした。

「流行語を思わず口にしたい」感覚で使われているような気がしてなりませんでした。

心理的安全性とは、20年以上前に、組織行動学の研究者のエイミー・エドモンドソン氏が、論文のなかで提唱した学術用語です。

それが近年にわかに注目を集めるようになったのは、グーグル社が2012〜2015年に実施した生産性向上のための社内調査、「プロジェクト・アリストテレス」において、**労働生産性を高めるために「心理的安全性」が欠かせない条件**だと結論づけられたからです。

重要なのは、心理的安全性が、いくつかの要素が束になって、企業が変わった結果、おとずれる状態を示しているということです。

間違っても、「心理的安全性を守ろう」と、それ単体で取り組むべきものではないのです。

心理的安全性こそ、理論として語るのではなく企業全体で実践されてこそ価値があるものです。

では、どうしたら心理的安全性を高められるのでしょうか。

少なくとも、個人が、次の3つの行動を実践している必要があります。

・無表情をやめる

・交流の機会を積極的に増やす
・相手の意見を最後まで聴く

これらは、他者と関係を構築するためのソーシャルスキルの基本です。

職場で働いている人たちの関係性をよいものにしない限りは、心理的安全性が確保されることはありません。

それはそうですよね。

普通に考えても、**対立や緊張を含む人間関係のなかで、他人の目を気にせず、自分の気持ちや考えを素直に表す「心理的安全性」が高まるはずがないのです。**

まずは、職場の「関係密度」を高める。「心理的安全性」を唱え、実践していくのはそれからです。

一億総他人社会だから、関係性がいい組織が生き残る

ここまで、関係性の改善、職場風土を変化させること、「関係密度」について、お伝えしてきました。

ここで、**日常の場面を思い起こしてみましょう。**

・電車に乗っているあなたは、何人と目が合いますか
・カフェに入っているあなたは、店員以外の何人と目が合いますか
・職場で1日過ごしているあなたは、いつ、何人と目が合いますか
・1日を通じて何人と目を合わせましたか？

古くから、「目は口ほどに物を言う」という言葉があります。

「言葉に出さなくても、目で相手と意思疎通を図ることはできる」「口で言わなくて

も、目で心情を伝えることができる」という意味です。

人は、生まれたばかりの赤ちゃんの頃から、生きていくための学習をはじめます。

それは、「ほほえみ返し」と呼ばれていますが、赤ちゃんにとって「ほほ笑む」ことの意味はわからずとも、周りの大人が行う行為の重要性を本能的に受けて映し、自分でできるようになっていくのです。

最初に学ぶのは「関係性をつなぐ」ことの重要性と、そのために欠かせないファーストアプローチである「表情」なのです。

ここに、ヒューマンモーメント（本来、人と人が接点を持つことの意味、人間らしいかかわりあい）があるのです。

それが今、少しずつ崩れてきています。

じわりじわりと水が染み入るように、日常にデジタルが浸透しています。

そのことによって「生活必需品を買うにも」「なにを買うのか情報を得るにも」「購入するために移動するにも」「週末を、観光地で過ごすにも」、数多くの恩恵を受けています。

そして、今やデジタルにアクセスするための端末、スマートフォンがない生活は、想像することもできないでしょう。

その一方で、**私たちがゆっくりと時間をかけて築いてきた、人間社会の根が崩れてきている**のを感じます。

他人同士が乗りあう電車のなかで「つながり損ねる」ことによる損失はそれほど多くないかもしれません。

ところが、同じ職場で同じ仕事をしていても、ほかの社員とは会話をすることはなく、デジタルとの「0と1」の会話だけで、気づくと半日、時には1日を終えてしまうこともあるのです。

企業は巨大な箱で、流れてくる情報を次に流すためのハブのような仕事。デジタル化がさらに進んだとき、私たちは……職場でいったいなにをしているのでしょう。

私たちがデータをつないでいるのか、データが私たちをつないでいるのか、もはやわからなくなってきます。

そしてついには、コロナ禍でテレワーク（分離作業）が進むことにより、物理的接触が失われました。

接触がなくなったことで、「企業とはなにか」「仕事とはなにか」という答えが見出せなくなり、自身が帰属する場所や意識が持てず「自分がなにか」わからなくなってしまう。今、アイデンティティ崩壊の危機に直面しているのです。

事実、外部面談先では、こうした相談内容が増えています。

自分でも自分の存在目的のわからない社員が、他人を理解すること、他人に理解してもらうことはできず、一層「職場は仕事をする場」としての輪郭を強めています。

「一億総他人社会だから、関係性がいい組織が生き残る」

この項目のタイトル通り、社会はデジタル化とともに、望めば人とかかわることなく、半径30メートルの世界で人生を終えることができるようになりました。

企業は、組織はどうでしょう。

私たちには、人と人が「関係性をつなぐ」ことと、「関係性を分離」することのどちらを選択するかの決断が、委ねられています。

社員の「やる気」を育む要素

では、どうしたら人は、「やる気」を出せるのでしょうか。

第1章でも物的側面と人的側面という言葉で語りましたが、とても重要なことなので、もう一度、違った観点から話をさせてください。

まずは、そのメカニズムから確認していきましょう。

人のやる気＝モチベーションを出すための要因を、心理学においては動機付けといいます。

その動機付けには、「外発的動機付け」（物的側面）と「内発的動機付け」（人的側面）の2種類があります。

「外発的動機付け」は、仕事において、企業側が設定した職位や報酬を得ようとして、わき上がるものです。

「外発的動機付け」の代表格である昇格や報酬、希望する部署・地域への異動などの物理的報酬は、企業の規模、財力によって限界があります。

そして、**外発的動機付けに偏った考えを組織内に植え付けてしまうと、給与を上げ続けた先、企業の賃金制度上支払える限界に達したときに危機が訪れます。**

本人が外発的動機付けを習慣化していた場合には、「もっと給料がほしい」「なぜ、上がらないのか」「俺は評価されていないのか」などと、状況によっては積極的転職の後押しをしたり、社員の不満を醸成する機会をつくったりすることにもなります。

他方の「内発的動機付け」とは、内面から湧き起こる、個人の興味や関心、そこから生まれるやりがいなどのことで、企業側からもたらされるものではありません。

つまり個人に起因するがゆえに、自己コントロールすることも可能なものです。

たとえば、ラーメンが好きな人が、「全国の有名ラーメン店の食べ歩きを楽しんでいる行為」は、内発的動機付けにもとづいています。

「仕事でレシピ開発を担当することとなり、よいレシピを開発することが、来年の昇格に影響するため、競合店の市場調査をする行為」は、逆に外発的動機付けにもとづいているというわけです。

どちらも重要な「やる気」を引き起こす動機付けには違いありません。

どちらかに**優劣があるわけではなく、大切なのはバランス**です。


あらためて、外発的動機付けの場合を考えていきます。

そこで得られる報酬そのもの（外的に設定されたこと）が目的となるため、「○○が得られるなら□□」と、どうしてもトレードオフの心理状態に陥りがちです。

内発的動機付けのほうは、自分の行動そのもの（自身の将来の成功や成長につながること）が目的なので、**仕事の成果を出そうと、必要とされる以上のことに、主体的に取り組んでいく可能性が高くなります。**

外発的動機付けに頼る企業

ただ、実際に**企業現場で話をうかがっていると、「やる気に働きかける要因」を外発的動機付けに頼りすぎている企業が圧倒的多数派**です。

なぜでしょう？

1つには、外発的動機付けはシステムや制度として一定期間で一斉に、展開することができるからです。

そして、もう1つの理由としては、過度の労力やソーシャル・モーメントスキル（本来、人と人が仕事をする上で欠かせない接点を思考しながら取り組むスキル）を必要としないからだといえます。

要するに、一見ラクなのです。

しかし、**実際には次のような面倒事を抱え込む**可能性があります。

・やる気を創出し続けるため、常に目新しいシステムや制度に組み替える必要がある
・多くの社員が「企業がなんとかしてくれる」という思考から抜け出せなくなる
・自らの信念にもとづいた目標の設定、将来展望が描けなくなる
・仕組みや制度で人の満足は高まらないとわかっているが、方針転換できなくなる

若年層に限らず、シニア層以上の社員にはトレードオフや、他責思考から抜け出して大胆にイノベーションに取り組んでほしいが、なかなか変わらない。

本格的に「内発的動機付けを中核にしたやる気のサイクルが回る体制づくり」に取り組まなければ、全員が指示待ちの作業員になってしまう……と嘆きの声が聞こえてきます。

内発的動機付けを促す要素について、心理学者で自己決定理論を提唱したデシ氏とリチャード・Mライアン氏は、次の３つを持つことが大切だと述べています。

・自分はこれができるという「有能感」
・自分自身の計画に沿って目的に向けて行動しているという「自律性」
・同じ目標をめざす仲間とのコミュニケーションや刺激をしあう「関係性」

さらに、これら3つについて、組織と個人のように固有の目的が共有されている関係性において優れたネットワークを築いていることが、よりよい有能感、自律性を育んでいくことを示唆しています。

以上のことからも、**「やる気」を高く保つために欠かせない内発的動機付けは、職場の関係性を高めていくことでもたらされる**のだといえそうです。

職場から、静かなる退職者を生み出さないためにも、「当社は働きづらい」などというネガティブな文化が形成されないためにも、職場において周囲との関係性を高められるような取り組みが重要です。

よい職場風土づくりのためのコラム⑤

あなたは「どんなとき」にホンネで話しますか

職場風土づくりでは、部署間の距離＝スラブに発生する溝が、疎外要因になることをお伝えしました。

10年以上前の話ですが、ある企業では、喫煙室が分け隔てなく話をする場として機能していました。

当然ながら、喫煙室には、部署の垣根を越えて新入社員、管理職、製造・営業・品質管理などが、「喫煙」を目的に集まります。

「いやぁ、○○さん、突然の設計変更は困りますよ」「おぉ、ここでそれを言うか（笑）」「まぁ、うちの営業は顧客第一、社員第二主義だからなぁ（笑）」「内緒だけど、もう一回変更あるらしいぞ」「いい加減にしてほしいですよ（笑）」

同じ行為と時間を共有することによって、**喫煙室は、本来の目的を越えて、スラブ**

の溝を意識することなく人と人がホンネを話せる場所になっていたのです。

各社員が、部署や拠点の溝を越えフラットな関係を築くために、部署横断のプロジェクトやコミュニティを発足させることも、よい職場風土づくりの方法の１つです。

よい職場風土づくりのためのコラム⑥
メリットがある社内サード・プレイス

私自身が、７３０人を超えるｏｎ－ｌｉｎｅコミュニティ「Ｍｙ ３ｒｄ ＰＬＡＣＥ」を運営していることから、企業の社内大学や社内コミュニティ、民間団体の関係性づくりにおける、コミュニティ・デザインにかかわる機会があります。

最近では、ｅラーニングの利用促進を機に、社内の「学びの場」の創設にもかかわらせていただいています。

皆さんも過去にそうした職場風土の改善に取り組まれたことがあれば、「形は整えたものの、人の交流感が高まらない」ことに気を揉んだ経験があるかもしれません。

そうなんです。

コミュティも仕組みではなく、人と人の交流によって動き出すものなのです。

社内の所属部署や職位に関係のない自由な交流感を高めるためにはいくつもの整えておくべき項目があります。

ここでは見落としがちな点を一つお知らせします。

それは、**意外に思われるかもしれませんが、企業が掲げる重点項目と相関させること**です。

軌道に乗りかけたタイミングで、役員などから「経営との関係性が薄い」と突如閉鎖を言い渡されることを防ぐためのちょっとしたコツのようなものです。

いいことは、続けてこそ意味があります。

第5章

未来に向けて どのような職場風土を つくるべきか

ピラミッド型組織とアメーバ組織の間をつなぐフラット組織

職場の「関係密度」を高めて形成された文化が行き渡った組織。

私は、このような組織のことを、イメージがしやすいように**「フラット組織」**と名付けました。

具体的な特徴はざっと次の通りです。

・役職や部署にとらわれずに、自由なコミュニケーションがとれる
・企業が存続する目的を共有し、達成するためにどうすべきかを全員が考えている
・企業は、個人の成長を考えて、意見を最大限に取り入れている
・上司の判断の真意がわかる、部下の判断の真意もわかる

一般的な言葉でいえば「活発な意見交換がされている風通しのよい企業」といえるでしょう。

従来のトップダウンのピラミッド型組織と、社員それぞれの主体的な活動が尊重されるアメーバ組織の間をつなぐ組織に位置づけられます。

一定の規模を超える企業の多くは、オペレーションを迅速に行うためにピラミッド型組織になっています。

ピラミッド型組織では、メンバーの上下関係で秩序が保たれやすく、安定した組織運営が可能になる反面、特に新しいことに取りかかろうとすると意思決定に時間がかかり、停滞するデメリットが指摘されています。

また、下位層社員の意見は、主に経験値が少ないことを理由として、ほとんどは採用されません。

組織の目的やビジョンの決定に関与することができないことから、意欲低下を招く要因の1つにもなっています。

こうしたことをふまえて、ピラミッド型組織は今の時代にはそぐわないとの声も聞かれます。

そうしたなか、これからの変化社会にふさわしいのは、アメーバ組織だといわれています。

京セラの故稲盛和夫氏が実践したアメーバ経営では、組織をアメーバに見立てて、リーダーのもとで5～10人程度の小集団に細分化し、各組織を独立採算制で運営するというものでした。

最新の組織論におけるアメーバ組織は、さらに先鋭的になり、上下関係はもちろん、チームも意思決定者も固定されていません。すべての社員が意思決定者であり、その時々に応じて、最適な意思決定を行っていきます。

しかし、ここで疑問がわいてきます。

これまでピラミッド型組織で培ってきた文化を横に置いて、突然アメーバ組織に変貌を遂げられるものでしょうか。

組織の形は変えられても、人の意識や行動はすぐ変えられない

ピラミッド型組織からアメーバ組織への移行が容易ではないのは、想像がつきます。

なんといっても、企業の組織構造の中核である指揮命令系統を入れ替えるのは、組織を一度解体するようなドラスティックな変革です。

ただ、いざとなれば組織の形自体は、変えられないわけではありません。

それよりも、問題は、そこで働く人たちの意識や行動です。

ピラミッド型組織の会社で働いていた人が、上下関係がなくなったからといって、「年齢や経験、以前の職位にとらわれずに振る舞ったり、組織の目的にとらわれずに自ら目標を定めたり、組織横断で仲間を集めてプロジェクトを立ち上げる」ことがすぐにできるようになるでしょうか？

ピラミッド型組織からの脱却を真剣に検討しているのなら、ステップ・バイ・ステップで進めていくほうが良策でしょう。

具体的には、次のような経験を積むことです。

・役職や階層の溝を越えて活発な意見を交換する経験
・部門間の溝を越えたチームをつくる経験
・ほかの社員との心理的な溝を越えて自由なコミュニケーションを図る経験

これは、**アメーバ組織を目指す土壌をつくるために、まずはフラット組織に移行するるということです。**

ポイントとなるのは、フラット組織では、ピラミッド型組織と同様に、特定のリーダーが意思決定を行うということです。

そのため、組織の体系を変えることはなく大がかりな外科的手術を用いる必要はありません。

フラット組織は、そうした**組織の形式的側面ではなく、組織自体の職場風土や文化といった生的側面に焦点を当てた考え方**です。

それは、社員間の会話などによって関係性が活性化する、すなわち「関係密度」を高めることを基盤としています。

つまり、**組織の体型を変える外科的手術と違って「人本来が持つ回復力に視点を置いた自然治癒的療法」**と考えることもできるでしょう。

時間はかかります。

何度もいうように、変えるのが本当に難しいのは、組織の形ではなく、働いている私たちの考えや意識、行動なのですから。

「関係密度」が高いことが自律型に動くための最低条件

このところ、自律型人材の育成という言葉を打ち合わせで耳にする機会が増えてきました。

企業がワンマンやトップダウンの体制でなくても、自分の所属する部署の上下関係が厳格だったり、職場風土が悪かったりすると、自律して働く難易度が一気に高まることを、社員の外部面談をしていても切に感じます。

ここで、話の展開をスムーズにするためにも、「自律」とは、「自律型人材」とは、なにかを整理したいと思います。

まず、自律とはなにか、ネットで検索すると、「自分で立てた規範に従って、自分の事は自分でやっていくこと」と書かれています。

次に、自律型人材はどうでしょう。

響きのよい言葉ですが、正式には「キャリア的側面から自律（キャリア自律）している人材」のことを指しています。

そこでキャリア自律とはなにかを探っていくと、産業組織心理学会では、「自己認識と自己の価値観、自らのキャリアを主体的に形成する意識をもとに、環境変化に適応しながら、主体的に行動し、継続的にキャリア開発に取り組んでいること」と定義しています。

この2点を整理すると、自律型人材に必要とされるのは、次の5つの要素です。

・自己認識と自己の価値観、キャリアを主体的に形成する意識がある
・自分で規範が立てられる
・自分のことは自分でやっていくという主体的行動ができる
・環境変化に適応できる
・継続的にキャリア開発に取り組んでいること

申し訳ありませんが、キャリアの専門家として10年間以上取り組んできた私も、この5つを備えているかと問われれば、首を縦に振る自信がありません。とても難易度の高いことを要求しているわけです。

それでも「自律型人材を目指すこと」を部下や社員に告げるのであれば、まずそれが可能な組織・職場になっているかどうかを考える必要があります。

職場風土が悪いのなら「ムリを承知で申し上げます」もしくは「当社は諦めて、他社で働くことで」と、枕詞を添えるべきなのではないでしょうか。

考え自体は正しいことですし、流行《はや》りの言葉なので使いたくなる気持ちもわかりますが、第1章のチェックシートで創発型風土と認められた組織やチーム以外では簡単に用いないほうがよさそうです。

言っても実現できないムダなことを宣言すると「また、無理なことを言っている」とか「理想を押し付けられている」などと社員は感じ、やる気をなくしていきます。

実現しようとする一定期間、質の低い接触が繰り返されて「関係密度」が低くなる危険性があるでしょう。

時代とともに変わる、仕事の価値観に目を向ける

働くことに対する価値観は大きく動いています。

少し前の統計ですが、新入社員２６６３人を対象に日本生産性本部が２０１０年に行ったアンケートの結果を見て、驚いたことを覚えています。

そのアンケートでは、**「デートの約束があったとき、残業を命じられたらどうするか」**と質問しています。

・デートをやめて仕事をする…………85・３％
・断ってデートをする……………14・２％

私が猛烈サラリーマンとして働いていた頃の３６５日・24時間「ワーク＆ワーク」という意識は、過去の産物なんだと実感したことを今でも鮮明に思い出します。

アンケートに衝撃を受けてから、さらに10年を経過し、働くことに対する価値観が変化してきていることを、一層多方面で実感しています。

若い人材の価値は、これからどんどんと上がっていきます。

若い人たちに必要以上にこびを売る必要はありませんが、彼らがなにを求めているのかを知ることは大切です。

次ページに、さまざまな若い社員からヒアリングした内容をもとに、これまでの職場とこれからの職場の違いをまとめてみました。

個人によって求めているものは違うので、**絶対にこうだと思い込んで接するのは危険ですが、1つの傾向として頭に入れておいてもよい**と思います。

ちなみに、表のなかにある「ポータブルスキル」とは、論理的思考やコミュニケーション能力などどんな職場環境でも生かせるスキルのこと。「パラレルキャリア」とは、報酬のあるなしにかかわらず、人生を豊かにするために本業以外の活動を持つことです。

変わっていく職場の在り方

		これまでの職場	これからの職場
目的		仕事をする場所	仕事を通じて キャリア成長する場所
得るもの		生活の糧	キャリアの糧
期待	個人	・組織内スキルの獲得 ・組織内キャリアの強化	・ポータブルスキルの獲得 ・パラレルキャリアの強化
	組織	組織内人材の育成	自律型人材の育成

時代の変化とともに企業の役割や在り方は、大きく変わっていくということを認識しておくことがとても大切です。

社員の人生の9800時間をムダにするシン・ブラック職場の特徴

週1回 地元の大学でキャリアの講義をするときに、学生にこんな話をします。

「ブラック企業とは、以前は、残業が多くて、代休もとれない過重労働や、従業員に関する労働トラブルの隠ぺいなどの問題を抱えている企業でした。今や、それは論外で、シン・ブラック企業に気をつけなくてはなりません。それは、**あなたたちが5年間働いた後で何者になっているかをきちんと説明できない企業**です」

時間とは、人にとって大切な資源です。

かつては、時間を投じてお金を得る発想から「タイム・イズ・マネー」といわれていました。

近年は人生を豊かにする発想から「タイム・イズ・ライフ」の感覚が強くなっています。

シン・ブラック企業とは、人生の貴重な9800時間（5年間〔245日／年〕×8時間）をムダにしてしまう企業のことです。

時間に目的を持って積み重ねている人と、単に浪費している人とでは、年を重ねるごとにその差は埋められないほどのものになることは容易に想像できます。

そう考えると、**どこで働くか、どんな思考を持った人と働くのか、どんな風土の職場で働くのかの選択によって、その後のキャリア、人生は大きく変わる**こともまた想像できると思います。

社員のキャリア、人生を考えることが組織のためになる

毎年春にスイスのダボスで開催される世界経済フォーラム、通称ダボス会議には世界を代表する政治家や実業家たちが招かれ、世界経済や環境面での課題の解決に向けた議論を交わします。

その会議には年ごとにテーマがあるのですが、２０２１年はグレートリセット、２０２２年はターニングポイントでした。

日本においても、今、まさにターニングポイントを迎えています。

長らく続いた工業社会が過ぎ、情報社会を迎え、さらに今後は創造社会という、人を中心とした持続可能な社会の到来が予想されています。

さらには、急激な人口減少を迎えるなかで、より多くの成果（生活の糧とキャリアの糧）を労働者が職場を通じて生み出していく必要があります。

そのような流れのなかで生み出されたのが、**働く時間を増やすのではなく、働く時間の密度を増やしていく「働き方改革」**です。

これからは、限られた時間のなかで、個人の有する心技体をいかに注ぎ込めるのかがカギになります。

さらに、**１人ではなく、職場のほかの社員とハイブリッドにつながりあい、その総和をどのように増やしていくかを考えることが大切**です。

そのためには、労働に投じる総時間は同じでも、より多くの成果（生活の糧とキャリアの糧）を見出し、生み出せることに喜びを感じられる状態に、職場を大きく転換していかなければなりません。

同時に、仕事のなかの作業という領域に関しては、人の手から放して、どんどんテクノロジーにゆだねていくべきでしょう。

8時間かかっていた仕事を5時間でこなせるようになれば、残りの3時間で、社員は自分の成長のためになにをすべきかを考えられるようになります。

そうしたなかで、マネジメントの在り方も変わっていかなくてはなりません。

ひと昔前のマネジメントをみていきましょう。

部下G
「この資料って、たとえば、このように変えてみてはどうでしょう」

上司H
「いや、そんな必要はないよ。そもそもそれを考えるのは管理部の仕事。俺たち、現場がやることじゃないよ。俺たちは俺たちのやるべきことをやればいいんだから」

このように、部下Gの発想の正誤を過去の経験をもとに、

・そうは思わない

・それはおかしい
・それではダメだ
と事細かく検問することが上司の役割でした。

これまでの工業社会では、限定市場に「同じものを安定して供給する」ことが期待されていたため、**間違った物をつくり出さないための検問こそが、マネジメントの最大の目的だった**のです。

しかし、これからの創造社会では、世界市場に「これまでとは違う、あっと驚くものを素早く供給する」ことが期待されています。

そのためには、これまでのマネジメントの在り方にも、変化を加える必要があります。

ただ、これは業務プロセスを根本から変えたり、新たな設備投資をもとに機械化を図ったり、たくさんの人を辞めさせたりする話ではありません。

今日、隣の社員にひと言「よい職場にしたいよね」と声をかけることなのです。

つまり、職場の「関係密度」を高めることです。

GさんとHさんの関係が変化し、さらに別の部署のIさんを巻き込み、G・H・Iの3人がつながり、従来の職位職務や部署をまたいで話をする。

そこで互いの発想が重なり、職場風土が動き出すのです。

よい職場風土では、前例踏襲主義に立った単線思考ではなく、創発主義に立った、さまざまな人たちが関係しあう複線思考を持つことが大切です。

それが、人や企業の可能性を拓《ひら》く種となります。

仕事に直結しないことを「ムダ話」と認定し検問してやめさせるのではなく、意味のあるムダをつくり出し、関係性をつなげてその後の変化を大切にするのです。

こうした職場風土をこれからの企業づくりの基礎として整えられれば、社員の成長や取り組みに対する動機が高まり、ひいてはイノベーションによる発展も期待できるようになります。

ムダな出費を生む、関係性の齟齬を解消する

DX化で効率のよい働き方に向けて動きはじめていますが、一方では、関係性の齟齬からさまざまな不利益が生じています。

効率化が進む今の時代、経済的な損失も、その例外ではありません。

私の顧客であるE社も、以前はそのような状況に陥っていました。E社は、製造業を営んでおり、従業員数は120人ほど。特殊な技術を持っていることが高く評価され、大手メーカーや海外の企業からも引く手あまたで、順調に売上を伸ばしていました。ただ、問題がないわけではありませんでした。売上が伸びる一方で、利益があまり上がっていなかったのです。

右肩上がりで増える受注に応じるため、Ｅ社は組織を拡大し、各部署は大きくなり独立していきました。

その結果、部署間の物理的な距離が広がって、人の行き来が少なくなり、心理的な距離も広がったため、関係は疎遠にならざるを得なくなりました。

営業部門から送られてくる受注内容の意志を十分に確認することができないまま、設計部門が設計をする。その設計に従って、製造部門が製造をはじめるものの、どうもつじつまが合わない。

ここでようやく、営業、設計、製造の各部門の担当者が一堂に会してミーティングを開こうとするが、スケジュール調整がうまくいかず、そうこうしているうちに納期はどんどん迫ってくる……。

なんとか納期には間に合わせても、通常のプロセスを経ていないために、納品後もクレームや不良が発生しやすくなります。

そうなると、その都度、人や資材を使わなければなりません。それが当初の見込みより原価率を引き上げることにつながり、利益を押し下げていたのです。

E社の全社員、1人ひとりと面談していくなかで、私はこの経緯を知ることになりました。

そして面談の最中に、他部署に責任を押しつけるような発言を数多く耳にしたのです。

また、それ以外にも、会社の上層部も把握していた問題として、高い離職率、長時間労働などがありました。

こうした問題を抽出し、会社の上層部と話しあうなかで、E社の最大の課題は、働く人たちの関係性が弱まっているため、職場風土が悪化していることだと、私たちは考えました。

そこで、部署間の垣根を取り払ったり、ベテラン社員が若手社員の研修をしたりするなど、とにかく従業員同士のコミュニケーションが活発になるようにして、その関係性を強化することに努めたのです。

その甲斐あって、今では、E社の職場風土は大きく改善されました。

会社に一歩足を踏み入れただけでその雰囲気のよさが伝わり、今いるこの場所をみんなでよくしていこうというムードに包まれています。

会社を辞める人もほとんどおらず、売上に比例した利益もきちんと出るようになりました。

働く人の関係性の齟齬が企業から失わせるもの、そしてそれが改善されたときに企業が得られるものの大きさを、このE社の事例がよく教えてくれます。

大切なのは「ワークライフバランス」ではなく「ライフコネクト」

「仕事にプライベートを持ち込むな」

こんな言葉が、昭和の時代には、よく聞かれました。

その後、平成になってからも「オンとオフ」、「ワークライフバランス」など、仕事（ワーク）と人生（ライフ）は別物で、分けるのが当たり前とされてきました。

しかし、今や、仕事と人生を別物ととらえるのではなく、**仕事が人生の一部としてインクルージョンされ、仕事が生活と密接に結びついているいうなれば「ライフコネクト」の時代**に向かいつつあります。

そうしたなか、『LIFE SHIFT2』で、リンダ・グラットン氏は「仕事に対するトンネリング」と題して、次のようなリスクを訴えています。

「薬局で鎮痛剤を買えば、1日に何錠飲めばいいか箱に明記されている。ところが収入を得るための仕事に関して、どれくらい働けば最大限の効用が得られるのか、明らかになっていない」

いわば、職業人生が長期化するなかで、どんな仕事を、いつまで、どのように働けばいいのか、誰もがわからない状態なのです。

工業化以前、農業が中心の社会では、人は、住んでいる場所と職場が近い、いわゆる「職住近接＝生活の一部」の状態にありました。

朝起きて畑に出て、日が暮れると家内で作業を行うイメージです。

その後、工業化が進展するにつれ、生産のための工業地帯が造成され、労働集約が進み、住んでいる場所と職場が離れる「職住分離」の状況が生まれます。

私たちが抱いている「オンとオフ」、「ワークライフバランス」という働くイメージがここで確立されたのです。

そして、近年になって、デジタル化の進展や働き方改革、さらに新型コロナ感染症の拡大の影響もあり、人々の働き方は大きく様変わりしてきました。

結果、長く定着してきた「職住分離」から再び「職住近接」、さらにテレワークのように「職住同一」や「職遊同一」のワーケーションなども、私たちがどのように働きたいかの意志によって選択できるようになりつつあります。

まさに、『LIFE SHIFT2』のメッセージである**「あなたの将来の選択肢と老い方は、いま、どう行動するかで決まる」**時代に入ったといえます。

人が情報や仕事に向かう時代から、情報や仕事が人に向かう時代に変化したのです。

だからこそ、ワークライフバランスということではなく、仕事を人生の一部にインクルージョンしたうえで、キャリアというものを考えていかなければなりません。

そして**職場を、社員のライフ（人生）にコネクト（接続）する場所へと変えていくこと、仕事を通じて享受《きょうじゅ》できる可能性を最大化することに取り組んでいく場にすることが求められています。**

職場の理想と現実のギャップを乗り越えるために必要なこと

これまでも述べてきましたが、今の時代に私たちが働くうえで忘れてはならないのが「その会社で働きたくないのに就職する人はいない」ということです。

最初から辞めたいと思って入社する人は、誰1人いません。

前の会社をなんらかの理由があって退職したのに、また仕切り直して転職するなんて、時間もお金もかかり、心中も穏やかではいられず、とても面倒なことです。

それは、離婚しようと思って結婚する人がいないのと同じです。

職場風土がよければ、入社以前の想像と現実が異なり、思ったような力を発揮できないと感じても大抵の人は乗り越えていきます。

そうしたキャリア形成における理想と現実のギャップに予期せず向きあうことを「キャリアショック」といいます。

考えてみれば、キャリアを思い描いたように展開してきた方は、ごく少数派にすぎないでしょう。

自分の理想とかけ離れた現実に直面したときに、意見に耳を貸してくれて、率直なコメントを添えてくれて、一緒に改善しようとしてくれる人が職場にいれば、「キャリアショック」を乗り越えられることは、理論上からも明らかになっています。

また、そうした誰かの不満や矛盾を解決し、不安な要素を外していくことが、職場をさらによいものにし、売上や利益を増やして、結果、企業寿命を延ばすことにもつながります。

しかし、**職場風土が悪い会社では、キャリアショックを受けたときに誰も助けてくれません。**

また、キャリア上の選択でやむを得ず企業を去ったり、自己成長のために退職したりするのならともかく、希望して入社した会社を職場風土の問題で辞めなければならないのは、つらいことです。

いつか私たちにも世代交代するときが訪れます。

「おじいちゃんが勤めていた会社に入ったけど、辞めようかと思っていて……」

「なにかあったのか？　あんなに憧れてやっと入社した企業だろ」

「実はセクハラを受けているんだけど、会社の人は誰も助けてくれなくて……」

こんな会話を孫娘と交わすことになったら、「ああ、自分が30年前に職場でハラスメントが起きていても、見て見ぬ振りをしたから、よくない職場の風土が企業文化になり、今ここで孫娘に影響するのか……」と、後悔するかもしれません。

少し現実離れしていると感じるかもしれませんが、もし子どもや孫、自分の大切な人が将来同じ職場で働くとしたら……。

ぜひこの気持ちを持って職場をみるようにしてみてください。

一方で、実際にこうしたやり取りが行われている会社もあります。

「社長、Jさん、定年で辞めるんですよね？　もしよかったら、その後任に私の親戚を紹介したいんですけどいかがですか」

「ごめん。K君、遅いよ。実は、L君からもう紹介があってね……」

「そうですか。残念だなあ」

席が空いたら、すぐに**自分の知人を連れてきたくなるのは、その知人も自分も同僚もみんなが幸せになるだろうと感じられる職場風土を持つ会社だから**です。

こうしたエピソードが今の勤務先でも聞かれるように、私たち1人ひとりが職場でできることがあるはずです。

忖度で組織を崩壊させないためには

ＳＮＳが発達し、さまざまな不正が暴かれる今、会社のありようが変わってきていると感じます。

日立グループ、日野自動車、三菱電機、みずほ銀行……、日本を代表する大手企業で不正の隠ぺいが行われていたのは、皆さんの記憶にも新しいでしょう。

大手企業と聞けば、経営の安定性や社会的信用度の高さ、従業員に対する福利厚生の充実など、よいところばかりに目が向きがちです。

しかし、現実は、そうとばかりもいえません。

企業によっては、巨大な組織が硬直し、さまざまな弊害が生まれています。

企業は規模が大きくなれば大きくなるほど、その内部により多くの組織と仕組みを抱えざるを得なくなります。

組織が多くなれば、至る所に「溝」が増え、それぞれの組織、部署内の一部の関係性だけで、大半のことを完結するようになっていきます。

こうした環境では、発想や思考が一層、近視眼的にならざるを得ません。「このことを伝えると、○○さんに余計な手間をかけるんじゃないか」「これをしておいたら、課長に評価されるかもしれない」などと、自分のごく身近な関係性のなかで忖度することが、行動の優先事項になっていくのです。

冒頭で挙げたような不正の隠ぺいが行われた企業の職場も、公表される情報を確認していくと「風通しの悪さ」「旧態依然とした体制」「決定したことに物申すことができない」などの言葉が並びます。

おそらく「職場風土不全」だったのだろうと推察されます。

露見《ろけん》すれば企業全体が大きなダメージを受ける不正であっても、企業や上司、同僚に対して不利益や不快感を一時的にでも与えたくないため、それを隠ぺいする。

もちろん、自己保身の側面はありますが、それだけが理由ともいえないのが、この問題の難しいところです。

・社内通報制度を設けても、SNSで匿名公開する
・ハラスメント相談窓口を設けても、外部の労働相談窓口を利用する
・産業医がいても、民間の医師を頼る
・職場の不満を上司や役員に言わず、居酒屋でぶちまける

いつから、社内のほかの社員が信用できなくなり、組織は壊れていったのでしょう。

さっそく明日からでも、他部署とのヨコの関係性を強くする、職場風土づくりにあらためて取り組む必要があります。

第三者が職場にかかわることの大切さ

職場風土改善やキャリアコーチという仕事上、私はさまざまな会社の会議に参加します。

そこで私が、

「Mさんが辞めたのは、個人の都合ではなく、部署の人間関係だと考えます。新規採用をする前に、課題を明確にするべきです。辞めるのは先月から2人目になります。いかがでしょうか」

と発言をすると、会議に出席している社員の人たちがハッと驚くような顔をすることがしばしばあります。

彼らの心の声を代弁すると、さしずめこんなところでしょうか。

「今、それを言うのか！」

これは一例ですが、なにも私が取り立てて突飛なことや過激な発言したわけではありません。

むしろ、当たり前のことを言っただけです。

ただ、**企業というある種のムラ（村）の中にいると、同調圧力やバイアスによって、そのムラならではのルールや常識がいつの間にかできあがってしまいます。**

私の発言は、そのムラ（村）の常識に反するものだったわけです。

この一事からもわかるように、会社も人も簡単に変わりません。

まず、本気で変わろうとする意思があるかどうか。

さらに、その意思が本物であっても、変われるとは限りません。

私たちは、自分たちで思っている以上に、合理的ではないのです。

だからこそ、本気で変わろうとするのなら、変わるまでの取り組みに同じく本気でかかわり、時に不本意な真実をもフィードバックできるコーチ的な存在、第三者が必要となります。


新しい試みに取り組んでみる。

うまくいかなかった。

どうしてうまくいかなかったのか。

どうしたらうまくいくのか。

そうした**試行錯誤の場に立ち会い、評価してくれる存在がいることで、会社も人も、変化を恐れることなく、新しい一歩を安心して踏み出せる**のです。

信頼できる第三者がいれば、その一歩はより大胆に、より確実に踏み出せるでしょう。

よい職場風土づくりのためのコラム⑦

「マザーワード」がつくる職場のベース

幼き頃に母より言われ、私たちの心の底で今なお大切にしている原体験がマザーワード。私のマザーワード「自分が嫌なことは相手も嫌、嫌がることをされて悲しかったら、相手にはしてはいけない。うれしかったことを大切に、どうしたら喜んでもらえるか考えなさい」をここで紹介させてください。

若い頃は、目の前のいくつかの溝を越えることに必死で、考えもしませんでした。40歳を超えて、少し世の中を俯瞰して見渡すことができるようになったいま、思うのは、自分が若い頃に感じた「黙ってやらされたことへの不信感」「意見が言えず飲み込んだ思い」「やりたかったことを頭ごなしに否定されて悔しかった気持ち」を、立場が変わり、今の若手に再体験させているのではないかということです。

どんな職場にしたいのか、デザインはすでに私たちの内にあります。

誰がそれを口にするのか、行動に移すのか、実際に形にするか。それに尽きます。

第6章

特別対談
社員同士の関係性が、なぜデジタル社会で重要なのか？

法政大学教授 田中研之輔
×
職場風土改善の専門家 中村英泰

中村英泰（以下、中村）　この10年デジタル化により、職場でさまざまなツールが使えるようになって、私たちの業務効率は飛躍的に改善したと感じています。

そのため、仕組みや制度で**個人と組織の生産性の向上を図るのは、限界に到達しているの**ではないか、余地は限られているのではないかと私は思っています。

そうしたなかで、「企業が、組織が、今後一層の成長に向けて取り組みはじめるべきことはなにか」といえば、**職場の関係性だと思います。本当の意味での社員と社員の関係性とはなにかを考えなければならない**ところにきているのではないかと。それはつまり、「職場を仕事をするだけの場所」にしない、職場の「関係密度」の再定義が必要だと思っているんです。

田中研之輔さんの、専門的知見からはどのようにお考えでしょうか。

田中研之輔（以下、田中）　まず、コロナとともに過ごした期間がなんだったかというと、それは「働き方」を見つめ直した期間でしたよね。

切り口はさまざまですが、これまで「働くこと」は、オフィスとセットだった。通勤することを前提に、箱の中に集まることだった。**本社、支社、組織＝オフィスという箱のなかで、関係性は紡ぎ出されていたのです。そうした前提がコロナを機に大きく変わった**という実感があります。

現実を見渡してみると、オンラインで働かれている人もいたり、リアルが推奨もされていたりもする。また、いわゆるハイブリッドを自己選択できる環境であれば、「私は家です」という人も、「私はオフィスです」という人もいる。そうなると職場の関係性は、必ずしもオフィスを前提にしていないわけです。あるとき、オフィスに行ったら誰もいないみたいなことが起きてきます。

中村　デジタル化によって、どこにいるから仕事というわけではなく、どこにいても仕事ができる。確かに、「仕事＝短期的な成果をアウトプットする」という観点からしてみたら、それで完結できるのかもしれません。

ですが、想定している仕事のゴールの枠を広げて、超えて、「さらによいもの」とか、「さらによい仕事・職場にしよう」といったことを追い求めようとすると、これまで、目を合わせて、顔合わせせながら言葉を交わした機会や、昼食や、ときにお酒を飲みながらの談笑などによって培われた「関係密度」が重要だと感じています。

それは、デジタル化では補えない部分もあると思うんです。

田中　中村さんのお話にもあるように、組織というのは単なる箱ではなく、コミュニケーションの束＝関係の密度です。

それを示すのが、たとえば「どこどこ会社のなになに部長ですっていう肩書」です。それがなにを指すのかといえば、**その人がこれまでやってきたコミュニケーションの束**で、どれだけ価値のある生の情報に接点を持っているのかを示しているんです。

だから、積み重なっていった束がその人の信頼を生み、その組織のなかで仕事を任されるようになり、それが、その人の組織内で形成したキャリアになるわけです。
つまり、「仕事というのは、組織１人ひとりの関係性や組織を超えた関係性に向き合うことでなされる」という本質に立ち返る必要性を感じています。

関係性は、生ものであり、生き物だからこそ変えていける

中村　「モノづくりの社会」を終えて「デジタル社会」に入り、それを越えて、これから「創造社会」へ向かっていくことを考えると、田中さんがおっしゃるところの**「束」を生かしてなにをつくり出していくのか**というところに、もう少し目を向けていく必要があるんじゃないかなと思うんですけど、いかがでしょうか？

田中　関係性は、機械やデジタルにはない、人固有のもので、生ものであり、生き物なんですよね。だからこそ、誰でも、いつからでも関係性はよりよいものにしていける、改善していけるという視点が大切です。

関係性と聞くと、「上長とうまくいかない」「上長がチームの部下のメンバーが思うように動いてくれない」という話につながりそうです。こうした課題って、どこの企業でもあるわけですよね。

そんなときにどうすればよいのか。

よく私が伝えているのは、「他責にしない」ということです。

チームのせいにしない、組織のせいにしないで、自分のコミュニケーションのなかでその上長とのやり取りや部下・チームメイトとのやり取りを少し改善することで、関係性は必ず変えられます。

「関係密度」と中村さんは表現されていますが、すごく大切な観点だと思います。

密度とは、深度、深さということ。これから、職場自体のデジタルシフトが一層進むことを考えると、職場の「関係密度」が薄く、ぷつぷつと0と1で切れる信号のようなものでは問題だと思います。

あらためて、職場の関係性を束にしていく必要があります。

人が成長する機会は、職場のなかでこそ見出される

中村　少なくとも過去10年間、離職理由の上位には職場の人間関係が挙げられています。

そうしたことからも、職場は、自分の気持ちが削られ、デモチベーションを引き起こす場所になってしまっているのではないかなと思います。コミュニケーションの束も冷めたものになっていると感じます。

しかし実際は、仕事に投じる時間は、創造性に富んだもので、職場は、世の中の不確定要素が高まるなかでも安定した場所の１つです。

さらには、自分の成長とこれからの可能性にアクセスできる数少ない場所であると思います。

だからこそ、職場はもっと楽しい場所であってもいいんじゃないでしょうか。

コミュニケーションの束は、もっと温かいものであってよいと思います。

ワークライフバランスという言葉がありますが、どちらかといえば、**ライフのほうを重要視して、ワークを超下位層にもってきている人を見かけます。**

でも、あらためて**人が成長する機会として、もっと職場に期待してもよいのではないでしょうか。**

田中　共感します。これまでコミュニケーションといえば、業務を円滑に進めるためのものという考え方でした。
「報・連・相」といわれているように、オペレーションのためのコミュニケーションだったと思います。

それが、コロナ禍に、**対面では不都合になったオペレーションを一気にデジタルシフト**しました。業務の観点からは効率化が図れたこともあり、とてもポジティブな側面が強調されました。

一方で、**「仕事のいくつかがデジタル化されたことで、職場の関係性が薄くなり、孤立している」という相談を多く受けています。**仕事はしっかりとやっているけれど、「これでいいのか」「このままでいいのか」という孤立感、相対的な孤独感を感じているようです。

これまで、業務とセットで行ってきたコミュニケーションが「デジタルに置き換わった」ことで、コミュニケーションそのものを再定義する時期がきたと感じます。

それは、たとえば、「デジタルをうまく使いながらもやっぱり少しリアルを戻して、オンラインをうまく使いながらリアルも大事にする」ということを何回も重ねながら、コミュニケーションを通じて業務が進展していく発想です。

そう考えると、「関係密度」とはなにかというと。人と人がライフスタイルを優先しながら働くこれからの時代に欠かせない**「関係性を築くためのコミュニケーション」**を行うのに重要なフレームだと感じます。

中村　ハイブリッドという言葉が定着していくのであれば、「職場」と「家庭」といった場所の話に、密度ってものを加えることで、今まで以上に、コミュニケーションの価値が見直されるのではないかなと思います。

個人のキャリア成長を考えたときに、これまでさまざまな論文を見てきても、**楽しんで仕事しているときと、つまらないと思ってやっているときって、どちらがキャリア形成になる時間かといったら、圧倒的に楽しんでいるとき**です。

チクセントミハイ氏が唱えたフロー理論は、それを示す代表格です。

あらためて、職場に「関係密度」という観点を持ち込むことが、これからの組織にとっても、個人にとっても重要なポイントになるのではないかなと思います。

つながりの広さから深さも求められる時代へ

田中　「関係密度」に近い概念といえば、アメリカの社会学者、マーク・グラノヴェッター氏が言っている「ウィークタイ」。「弱い紐帯《ちゅうたい》理論」ではないかなと。

この2つの根本的な違いがなにかと、私のほうで考えていくと、「関係密度」は、これからの時代に必要な問題提起をされていると思っています。まず、弱い紐帯理論とは、ウィークタイのことで、タイといったら、ネットワークなんですよね。

たとえば、私と中村さんがつながっていますよね。

そして、私がなにかプロジェクトを動かそうとしたときに、家族とか、友人のなかだけでは、そのプロジェクトを動かすリソースが足りないため、どうしようと思案していると、もともとつながっていた中村さんが「知り合いにこういう人いるよ」ってつないでくれる。そのゆるやかなつながりこそイノベーティブな動きになるよって考え方、これが弱い紐帯理論です。

ただ、蓋《ふた》を開けてみると互いに機能しない。その理論では、1つ語り得ていないことがあって、それは**ネットワークの深さ**なんですよ。

今、SNSを通じて私たちは多くの人とつながることができます。

各部署を越えて、社内イントラ（チーム内や、部署内、会社内といった限定された人だけがアクセスできる情報通信網）があり物理的に、会社のなかでつながってもいます。

だけど、信用でもある深さだけはオートメーション化されていない、ここを意識していかなければならない。

デジタル社会の恩恵として、私たちは弱い紐帯を手にしました。

そこで、手にしたネットワークを私たちが互いに、深めあっていく＝「関係密度」を整えていくことが求められています。

コロナ禍以前よりも、「関係密度」を整えること、育てること。それは、キャリア成長において重要になってきたと感じています。

必要なのは、半径5メートルの職場単位での変化

中村　最後に、田中さんにうかがいたいのは、今まで私たちは、組織開発をするにあたっても、企業や組織の単位でどうにかしていこうとする側面があったと思っています。

現場からは、遅々として進まない改革にやきもきする声も聞こえます。とはいえ、それは、今後も続けていく必要があると思います。

その一方で企業が、組織が、変わるのを眺めて待っているのではなく、私たちが自分でできることを他人任せにするのではなく自ら変えていく必要があります。それが、職場の「関係密度」の改善だと思うんです。

いろいろと呼び方はあると思いますが、他部署であろうが、同じ部署であろうが、上司部下の関係であろうが、半径5メートル以内に入っている人のことを、私は職場と呼んでいます。

この**職場単位で「関係密度」をしっかり深めていくことが、確実に組織にも反映していくし、最終的には企業に影響する**と思うんです。

実際にご一緒させていただいて、そうしたボトムアップが企業文化を変えたケースがいくつもあります。

田中　そうですね。それは、たとえば、社員がモチベーションを落とすというモーメントを考えると、そこで起こっているのは、制度がフィットしてないとか、あるいは自分の思うような結果が出ていないとか、人事評価が実態に追いついていないとか、さまざまな要因があります。そうした、現場の状況を全部回収していくために**職場単位で「関係密度」を深めていくことがカギになると思います。**

中村さんが問題提起しているように、これまで、いろいろな間違いや誤解が職場づくりにおいて放置されてきたといってもよいと思います。

それを1つひとつ、紡ぎ直し、組織をリブーストすること、個人がキャリア成長に向かうことは、可能です。さらには、日常の業務を通じて、まず職場単位で取り組んでいくことが大切です。

そういう意識は、私が言ってきた**「プロティアン」や「キャリア自律型のキャリア形成」とか「キャリアオーナーシップ」、自分のキャリアのオーナーになりましょうという話とつながってきます**よね。

結論、職場の「関係密度」を高めていくことによって、ある意味組織内エンゲージメントスコアが上がっていくことも考えられます。

中村　これからの大変革社会に、企業が見据える未来は、まったく未知の領域であるわけです。そうしたときに、業界がどうこうとか、他社がどうかは別にして、自社が確実に成果を残していかなければならない。

また、企業が大きくなることによって、確実に挑戦できるフィールドであったり、そこで関係できる人が変わったりします。

それにより、個人のキャリア形成の可能性も格段に高くなると思います。

デジタル化とともに、便利になるフレームは確かに使っていく必要があると思いますが、さらにもう一歩、職場に目を向けて、**隣の人たちと、人と人がつながるコミュニケーションを図り、「関係密度」を深めるということを**大切にしていく。みんなが当たり前にそれに取り組める職場が生まれてくると、いいんじゃないかなという思いがあります。

チクセントミハイ氏が著書『フロー体験入門』の序段で、もう一度「よい人生とはなにか」という問題を考え直す。予言やミステリーに任せることなく、自らの日常ありふれたこと、普段の1日を通じて遭遇する出来事に焦点を当てて、できるだけ筋を通すように努めることの大切さを述べていいます。

いい職場とは準備されたものではなく、私たちがつくり出していくものだと考えます。

田中　職場の人間関係は、不思議ですよね。

家族とは違うし友人とも違います。

つまり親密圏のコミュニケーションとはちょっと違って、プロフェッショナルの集まりという意識があるから、お互い、関係性の距離を取りながら、プロフェッショナルのコミュニケーションをやっていこうという意識がある。

踏み込みすぎないとか、感情を露出しすぎないとか、いわゆる家族のなかでのコミュニケーションとか、友人やパートナーというような、**親密な方たちとのコミュニケーションとは、違うコミュニケーションがルールとして求められます。**

そして、そのようなコミュニケーションの上に、ビジネスのスピード感を担保すべく、デジタルテクノロジーが入ったんです。

すると、コミュニケーションが、最初に中村さんが言ったような、冷たいものにどんどん見えてくる。冷たいもの、それはドライで感情に関係なく、方向性としては、ある種の機械的なコミュニケーション。それを、私自身も変えていく必要があると思っています。たとえば、「この先輩と働きたい」とか、「このチームで下期までにこういう達成をしたい」とか、人間的なものに変えていく必要を感じています。

今、サポートしているベンチャー企業では、みんなでこの目標を達成したいと話しあい、そして達成できたことを喜びあっている。ときに、達成したことに感極まり、本気で泣いている人もいて、「この職場っていいな」って思えるんです。

中村　そういう、あふれ出るものですよね。

田中　「そういう職場をつくっていくことができるよ」って、可能性を、この書籍を通じて伝えていきたいですね。

それは決して、**会社の制度改革を待つことでもなく、経営者からの中期経営計画を重視することでも、労働組合から大きな発信をすることでもなくって、まずその自分の周り5メートルのコミュニケーションを、「関係密度」を意識しながら、大切にしていく**ことですね。

中村　明日からでも、今日からでもできることはあります。

田中　最後に、中村さんからの、「こうやると『関係密度』が強くなる、これだけは取り組んでほしい」ということは、ありますか？

中村　それは、タイミングのいい声かけですね。もうそれに尽きると思います。

これまで1万を超える人たちの声を聴いてきたなかで、本当にいい職場はいくつもありました。

そこでは、上司がタイミングよく「お疲れ」「助かった」「ありがとう、また明日も期待しているよ」っていうひと言を、本当に手を抜くことなくかけています。
そこで働いている人が、得ている給料やステータス、いわゆる履歴だけで見ていたら大学卒業から高校卒業からアフリカから来た人までさまざまなんですが、そうした多様で多層な**人たちを職場でつなぐためには、タイミングのよいひと言をかけることに尽きる**と思うんです。

田中　今、キャリアコンサルティングの知見を、1人ひとりの社員のビジネスリテラシーにしてほしいと思っています。

もちろん専門資格として全部を学ぶことは、皆さんも業務があるから難しいけど、たとえば「タイミングのいい声かけ」とか、「ポジティブフィードバック」とか、「傾聴」のスキルっていうのは、職場の「関係密度」を整えるうえで外せない重要項目だと思います。
読者の方が、「関係密度」を深めていくために、1つひとつ中村さんが言っているエッセンスを学んで身につけて、実践に向けてほしいですよね。実践していく過程で、コミュニケーションの束が、つまり関係の密度が変わっていくってことを、体感してほしいです。

体感することによって、その効果がより感じられる。

やっぱり、これは本のなかだけの話じゃなくて、実践書ですよね。

皆さんにはこの本を参考に、**ファーストアクションしてほしいな**と思います。

中村　本当にそう思います。仕事が人生の大きな部分を占めています。よい人生を考える意味からも、「職場を仕事をするだけの場」にしないために、職場の「関係密度」の再定義に取り組んでほしいと思います。

今日は、ありがとうございました。

おわりに

最後まで読んでいただきありがとうございます。

本書では「関係密度」をポイントに、職場風土づくりについて述べてきました。

近年の急速なテクノロジーの進化により、社員間の接触の選択肢は格段に増えています。

しかし、その想定を超えて、職場の多様性と多層性が進展しています。

そして多くの職場では本音を口に出せない社員が、日々悶々と仕事に向かっています。

本書のタイトルにある「間違いだらけ」は少し強烈な言い回しだったかもしれませんが、私が人とかかわる職業に就いた過去20年を振り返っても、これほど職場の「関係密度」が低くなったと感じたことはありません。

「間違い」とは、時代の移り変わりにあわせて市場も大きく変わった一方で、上司部下や社員同士の関係に対して「変化が生まれていない」ことを指しています。

実際に**職場の関係性は停滞、いや後退したようにも感じる**わけです。

そこでこれまでの、業務中心の報告、相談、管理、連絡といった関係性に幅を持たせるため、社員を中心に、人と人とが交わり、重なるための「関係密度」という概念をご提案させていただきました。

いうなれば、社員同士や上司と部下の関係構築におけるリスキリングです。

本書では、多くの企業、社員の方々と取り組んできた「働くことを通じて役に立っていることが実感できる職場風土プロジェクト」を身近に感じていただけるようにできる限り再現性を高くまとめました。

そのなかから、できそうなことを見つけ、明日の職場風土づくりにご活用いただければ本望です。

あなたが変われば、必ず職場は変わります。

一歩を踏み出してみてください。

1人でも多くの社員が、職場にいる時間を自分らしく過ごしてほしいと心からそう願っています。


最後に本書の出版にあたり、法政大学 キャリアデザイン学部教授の田中研之輔さん、井上敬仁さん、竹田敬介さん、三田勝彦さん、アスコムの担当者さんをはじめ、本書の制作にかかわっていただいた皆さま、及びMy 3rd PLACEの仲間からは多大な指導とともに、知識と経験を余すことなく注いでいただきました。

また幼少期に白血病になった私を、この世に戻してくれた両親の愛にこの場を借りて感謝を申し添えます。

職場風土改善の専門家　中村 英泰

著者Profile

中村英泰（なかむら・ひでやす）

株式会社職場風土づくり代表
ライフシフト大学 特任講師
My 3rd PLACE 代表

1976年生まれ。東海大学中退後、人材サービス会社に勤務したのち、働くことを通じて役に立っていることが実感できる職場風土を創るために起業し、法人設立。年間100の研修や講演に登壇する実務家キャリアコンサルタント。

本書の内容について納得のいかない点やわからない点の質問。
職場風土づくりのご相談、研修や講演、キャリア・コーチングのご依頼は下記メールアドレスへご連絡ください。

Email
h-nakamura@shokuba-fuudozukuri.co.jp

社員がやる気をなくす瞬間
間違いだらけの職場づくり

発行日　2023年1月10日　第1刷
発行日　2023年4月17日　第2刷

著者　中村英泰
監修　田中研之輔

本書プロジェクトチーム
編集統括　柿内尚文
編集担当　中村悟志、大西志帆
編集協力　村次龍志（株式会社アジト）
デザイン　鈴木大輔（ソウルデザイン）
図版デザイン　大場君人
カバーイラスト　平松慶
本文イラスト　石玉サコ
DTP　ユニオンワークス
校正　中山祐子

営業統括　丸山敏生
営業推進　増尾友裕、綱脇愛、桐山敦子、相澤いづみ、寺内未来子
販売促進　池田孝一郎、石井耕平、熊切絵理、菊山清佳、山口瑞穂、
吉村寿美子、矢橋寛子、遠藤真知子、森田真紀、氏家和佳子
プロモーション　山田美恵、山口朋枝
講演・マネジメント事業　斎藤和佳、志水公美、程桃香

編集　小林英史、栗田亘、村上芳子、大住兼正、菊地貴広、山田吉之、
福田麻衣
メディア開発　池田剛、中山景、長野太介、入江翔子
管理部　八木宏之、早坂裕子、生越こずえ、名児耶美咲、金井昭彦
マネジメント　坂下毅
発行人　高橋克佳

発行所　株式会社アスコム

〒105-0003
東京都港区西新橋2-23-1　3東洋海事ビル
編集局　TEL：03-5425-6627
営業局　TEL：03-5425-6626　FAX：03-5425-6770

印刷・製本　株式会社光邦

Printed in Japan ISBN 978-4-7762-1253-9